核心素养理念下的 数学教学实践

杨西龙 著

辽宁大学出版社
Liaoning University Press

图书在版编目（CIP）数据

核心素养理念下的数学教学实践/杨西龙著. —沈阳：辽宁大学出版社，2021.10
（名师名校名校长书系）
ISBN 978-7-5698-0511-6

Ⅰ.①核… Ⅱ.①杨… Ⅲ.①中学数学课－教学研究－高中 Ⅳ.①G633.602

中国版本图书馆 CIP 数据核字（2021）第 172569 号

核心素养理念下的数学教学实践

HEXIN SUYANG LINIANXIA DE SHUXUE JIAOXUE SHIJIAN

出 版 者：辽宁大学出版社有限责任公司
　　　　　（地址：沈阳市皇姑区崇山中路 66 号　　邮政编码：110036）
印 刷 者：北京米乐印刷有限公司
发 行 者：辽宁大学出版社有限责任公司
幅面尺寸：170mm×240mm
印 　 张：16
字 　 数：280 千字
出版时间：2022 年 4 月第 1 版
印刷时间：2022 年 4 月第 1 次印刷
责任编辑：李珊珊
封面设计：徐澄玥
责任校对：杨　蕊

书 　 号：ISBN 978-7-5698-0511-6
定 　 价：45.00 元

联系电话：024-86864613
邮购热线：024-86830665
网 　 址：http://press.lnu.edu.cn
电子邮件：lnupress@vip.163.com

前 言
FOREWORD

　　2018 年 1 月，教育部正式颁布了《普通高中数学课程标准（2017 年版）》（以下简称《标准》），虽然当时《标准》尚未正式出版发行，可已能从网上获取到文稿。出于职业需要，我开始认真阅读学习。可以说，虽然之前也阅读了不少教育教学理论书籍，并从一些数学教育教学专业杂志上了解了与数学素养有关的信息，但真正关注并开始认真思考数学素养这个问题，还是从研读这个文稿开始的。

　　2018 年 7 月，我拿到了《标准》及《标准解读》这两本书，在此前我还有幸参加了一系列与《标准》有关的培训研讨会，让我对"数学素养"有了一些新的认识。在此期间，我再次研读由曹才翰先生、章建跃先生所著的《数学教育心理学》，以及由弗赖登塔尔（荷兰）所著的《数学教育再探——在中国的讲学》等理论书籍。可以说，他们的研究成果，对我理解数学素养，以及数学课堂教学实践都产生了极大的影响，以至在很多公开场合，我都以这些著作中的一些理论及观点，作为支撑我研究与交流的依据。再后来，我又研读了由林崇德先生所著的《智力发展与数学学习》等理论书籍，结合之前近 30 年的教学实践及研究工作，让我对如何在课堂教学中培养与发展高中学生的数学核心素养，有了自己的观点和看法。

　　其实，从 2015 年底开始，"核心素养"一词就逐渐热了起来，随之而来的是，学科核心素养也逐渐成为研究的热点。也就是这个时候，我也开始结合高中数学教育教学的现实及特点，认真思考数学核心素养的一些问题。特别是，2016 年 9 月中国学生发展核心素养的研究成果发布以来，数学学科核心素养的研究更是达到了高潮，不少研究者及研究团队，都纷纷开展基于培养与提升学生数学核心素养的实践研究，举办一系列的研讨活动。我和我的团队也"赶赶时髦"，在国内数学教育专家们的指导下，开展了高中数学核心素养的一些实践研究。

2017 年 3 月开始，我担任了省、市、县三级高中数学名师工作室主持人，这给了我更多对高中数学核心素养进行研究与实践的机会。三年来，我结合所查阅的文献资料、思考的体会，并用笔头记录下了教学实践研究的点滴成果，写成了这本书。

全书共分十章，主要依据《标准》精神，结合大量真实的教学实践案例，阐述培养高中学生数学核心素养的一些教学设计理念和实施策略。第一章的主要内容是核心素养下的高中数学教学设计，从理论与实践两个维度，分析阐述了核心素养下高中数学教学设计的基本理念、基本原则、核心要素及指向数学核心素养的数学课堂目标建构策略；第二章主要内容是核心素养下的数学教学情境设计，主要阐述了数学教学情境创设的方法及策略；第三章主要内容是核心素养下的数学教学活动设计，主要阐述了数学教学活动设计的方法及策略；第四章主要内容是核心素养下的高中数学主题（单元）教学设计，主要阐述了单元教学设计的内涵、特征与数学单元教学设计的基本操作步骤等；第五章主要内容是高中数学教学中融入数学史教学设计，主要阐述了高中数学教学中融入数学史教学的意义、理念与原则及数学史融入高中数学教学的方式，特别是数学史融入高中数学概念教学的基本策略等；第六章主要内容是核心素养下的高中数学概念教学，主要阐述了核心素养下的高中数学概念教学的内涵、理论依据、构建策略、教学模式等；第七章主要内容是核心素养下的高中数学命题教学，核心素养下的高中数学命题教学的意义、内涵、生成过程、设计策略以及高中数学命题教学课例评析等；第八章主要内容是核心素养下的高中数学习题课教学，主要阐述了高中数学习题课教学现状分析、教学策略、教学模式与高中数学习题课课例评析等；第九章主要内容是核心素养下的高三数学复习课教学，主要阐述了传统一轮复习模式分析及"综合题引领法"教学模式与课例评析等，并介绍了复习课中"问题串"的类型及设计策略等；第十章主要内容是核心素养下的高中数学讲评课教学，主要阐述了试卷讲评课的含义、理论基础、教学策略、教学模式等，特别介绍了"365"讲评法等。

在研究及成书的过程中，特级教师、正高级教师、陕西省教学名师刘聪胜先生给予了悉心的指导，我的团队成员进行了大量的实践研究工作，本书中不少案例都取自于他们的教学实践。在成书的过程中，我的团队成员为本书的结构和图文做了校订。本人所在学校——彬州中学的校长孙健、副校长杨占平等给予了大力支持，同时也离不开朋友及家人的鼓励与帮助。在此，我一并致谢！

由于本人才疏学浅，而数学核心素养是如此博大精深，再加上我们对高中数学核心素养的研究仍不够深入，也不够全面，因此，本书仍存在大量的不足之处，某些观点可能还存在争议，恳请读者批评指正。如果此书能给你的高中数学教育教学工作带来一些帮助，又或者能给你的教学研究带来一些启迪，不胜慰藉！

再次特别致谢！

杨西龙

2020 年 4 月 10 日晚于家中

目 录

CONTENTS

第一章

核心素养下的高中数学教学设计

教学设计是课堂教学的蓝图，是教师教学方案的重要内容，是提高课堂教学效率的前提，是实现教学目标的重要保证。以新课标为依据，结合教材内容和学生的学习特点，创造性地基于数学学科核心素养进行教学设计，促进学生对知识的掌握，培养学生的数学学科核心素养，是教师在上课之前必须认真思考的问题。

第一节　核心素养观下高中数学教学设计的基本理念

数学教学设计是教师根据学生的认知发展水平和课程培养目标，来制定具体教学目标，选择教学内容，设计教学过程各个环节的过程。数学教学设计研究应从实际的数学教学出发，然后落实到课堂教学中。数学教学设计应包括教材设计、目标设计、学情分析、教学重难点、教学策略、教学过程、教学评价等方面。

一、学生观

新课程倡导的学生观是"一切为了每一位学生的发展"，具体包括三个方面：学生是发展的人、学生是独特的人、学生是具有独立意义的人。为此，数学教学设计要考虑到学生的年龄特征、心理特征、学习态度、学习心理、学习基础、学习实际及学生已有的知识建构。

二、教学观

1. 教学是师生交往、积极互动、共同发展的过程

教学是师生交往、积极互动、共同发展的过程，在此过程中教师应从课堂支配者转变为学习活动的组织者、引导者和合作者。

2. 培养学生的创造性思维

在数学教学中要充分地揭示数学思维过程，以培养学生的创造性思维。

3. 教学要关注每一位学生的发展

"一切为了每一位学生的发展"是新课程的核心理念。在数学教学设计过程中，要关注学生的学习体验，提高学生分析、解决问题的能力，培养学生的

3

数学思维，关注学生学习的成功体验。

4. 教学要发展学生的数学核心素养

数学核心素养是数学课程目标的集中体现，是具有数学基本特征的思维品质与关键能力以及情感、态度与价值观的综合体现，数学核心素养包括数学抽象、逻辑推理、数学建模、直观想象、数学运算和数据分析。这些数学核心素养既相对独立、又相互交融，是一个有机的整体。

5. 教学要培育学生的数学精神

数学教学要增强学好数学的自信心，养成良好的数学学习习惯，发展自主学习的能力；树立敢于质疑、善于思考、严谨求实的科学精神；不断提高实践能力，提升创新意识；认识数学的科学价值、应用价值、文化价值和审美价值。

第二节 基于数学核心素养的高中数学教学设计的基本原则

一、以指向数学核心素养为原则确定课时教学目标

教学目标的设计直接关系到学生数学学科核心素养的培养与发展。其实，核心素养基于数学的基础知识和基本技能，又高于具体的数学知识与技能。因此，在课前教学设计中要以学生为中心，制定合理的教学目标，既关注学生知识技能的发展，让学生最大限度地获取知识，又要关注教学方法，以培养学生的数学学科核心素养为目标，关注学生情感、态度和价值观的发展，提升学生的数学能力。

布卢姆说："我们无法预料教学所产生的成果的全部范围。没有预料不到的成果，教学也就不成为一种艺术了。"这表明，如果不能预见到教学活动的目标，教学设计就失去了存在的必要。因此，分析和设计教学活动的目标，成为教学设计的首要工作。在以往的教学设计中，存在着教学目标的制定比较含糊、笼统，忽略情感态度与价值观，较少涉及过程与方法目标、课堂教学目标表述不正确等问题，而当前提倡的核心素养比三维目标立意更高、内容更全、价值更大，是对三维目标的提升和超越，三维目标是核心素养基本要素的具体化。因此，基于数学核心素养对课时教学目标进行确定与设计，能够有利于学生数学核心素养的培养。

1. 明确《课标》要求

课程标准作为一种教学文件具有规范和指导作用，是我们确定教学目标的出发点和最终归宿。高中数学《课标》把目标要求分为三个方面："四基四能""核心素养""数学精神"（数学精神包括情感、态度、价值观）。把握这些方面

是我们正确制定课堂教学目标的前提。因此，教学目标的准确定位首先要"吃透"课程标准。在确定各章教学目标时，首先要认真研读《高中数学课标》的要求，明确对本章教学内容的具体要求。

2. 钻研教材

为了更好地制定课堂的教学目标，教师需要更好地把握与理解教材。要"钻"教材，"研"教材，"悟"教材，深刻理解教材的设计意图。

3. 分析学情

对学情的分析，是制定教学目标的关键要素。只有充分了解学生的知识基础、认知结构和思维能力以及情感态度，使教学目标与学生的认知水平相适应，才能在学生认识的最近发展区有效组织教学，这样的目标才切实可行，也才能对教学过程的实施起到有效的导向作用。

4. 目标分类分解

依据《高中数学课标》中的"单元教学要求"分解成课时教学目标。一课时的教学要达到什么目标，需要从"单元教学要求"中分类分解出来，如将教学目标分为"四基四能""核心素养""数学精神"三个方面，对每个方面又分为不同的层次。最后将分解的目标进行整合，构成课时教学目标。

5. 叙写教学目标

基于数学学科核心素养培养的教学，要求一线教师在进行教学设计制定教学目标时，不仅仅要仔细研读课程标准对相关知识的要求，更要深刻领会数学学科核心素养的内涵，将两者有机结合起来，强调学生学什么，如何学，以及要达到什么样的教学效果。

例如，在设计"双曲线的定义及其标准方程"这一章的教学目标时，针对"逻辑推理和数学运算"这一项数学学科核心素养的培养目标，不应该简单地设定为，通过双曲线标准方程的推导过程，进一步提高学生的逻辑推理能力，而应该着重强调通过"类比猜想""思考探索""合作探究"等一系列数学活动，引导学生推导发现双曲线的标准方程，培养学生的类比、概括和逻辑推理的数学能力，进一步提高学生的数学运算能力和理性化的数学思维。这样的设计才能更好地将课程标准与数学学科核心素养有机结合起来。

【案例一】等差数列的概念的教学目标设计

（1）通过观察古今的实例抽象和概括，从而建立等差数列的概念（数学抽象）。

（2）能用等差数列的概念判断一个数列是否是等差数列，并能正确地运用等差数列的概念解决一些简单的计算与证明问题（逻辑推理、数学运算）。

（3）通过等差数列的概念建构，感受数学发现的愉快，体会等差数列是用来刻画一类离散现象的重要数学模型（逻辑推理、数据分析、数学建模）。

根据以上的内容，和传统的教学目标相比，新的教学目标具有以下两个特点：①每个教学目标的形成都是对数学核心素养的体现。②在传统的教学目标中，"以师为本"是教学设计的重点，教师的行为与要求是教学的重要环节。

二、以瞄准数学核心素养为原则厘定教学重难点

教学重点是指联贯全局、带动全部，在整个教材体系或课题结构中处于重要地位的内容，是课堂教学中需要解决的主要矛盾，是教学的重心所在。教学难点是指学生难以理解的知识或难以形成的技能。因此，教学重点是针对教材而言的，是构成每个教学阶段的基础知识和思想方法，但教学难点是针对学生主体而言的，是教材中比较抽象、比较隐蔽、教师较难讲解清楚、学生理解有困难的内容。通过教师的教学过程，学生获得这些知识，在掌握这些知识的基础上能够对知识进行运用。

【案例二】 等差数列的概念的教学重难点设计

教学的重点：通过对等差数列概念、符号表示的过程的探究，体会数学结论、数学概念的形成过程（观察、猜想、归纳、抽象、概括、证明）。

教学的难点：等差数列的概念及其符号表示的建构。

由此可以看到，通过瞄准核心素养进行设计重难点的设计，更加有助于学生思维的发展，促进学生核心素养的培养，而单纯的知识技能提升已不再属于教学重难点的范畴。

三、以体现数学核心素养理念为原则确定教学方法

教学设计不仅要合理制定教学目标，更要选择恰当的教法与学法。因此，

在数学教学中，教师不应该采取以往讲授式、灌输式的教学方法，而应该以问题为主线，以学生为主体，始终从学生知识的"最近发展区"提出问题，引导学生积极参与、高效解决，使学生通过主动参与、认真解决，在问题的分析和解决中完成对数学知识的理解与掌握以及对数学学科核心素养的培养。

四、以围绕数学核心素养为原则设计教学过程

课堂教学是有效培养学生核心素养的主要途径。对教学过程进行最优化的设计，尽可能多视角关注到教学过程中的细节等是推进核心素养落实的关键之处。因此，在教学过程设计的时候，要时刻围绕数学核心素养。基于对"六大核心素养"内容的解读，教师还要对核心素养水平进行理解与阐述。

五、以体现数学文化价值和人文精神设计教学内容

众所周知，作为人类文化的重要组成部分，数学对人类的发展至关重要，数学课程及其所蕴含的数学文化将促成学生数学素养的全面形成。因此，教师在教学设计中，不但要向学生传授数学知识，更要挖掘数学知识中蕴含的数学文化，帮助学生了解数学在人类文明发展中的作用。

【案例三】数列通项的求法教学片段

师：请同学们看一个有趣的问题：假设一对刚出生的小兔一个月后能长成大兔，再过一个月便能生下一对小兔，此后每个月生一对小兔。如果不发生死亡，那么一对刚出生的小兔一年可繁殖多少对？

引导学生通过画树状图的办法计算每月小兔的对数，数据如表 1-2-1 所示。

表 1-2-1　兔子繁殖问题

所经过的月数	1	2	3	4	5	6	7	8	9	10	11	12
兔子的总对数	1	1	2	3	5	8	13	21	34	55	89	144

师：如果把每个月小兔子的对数看作一个数列 F_n，那么你能发现 F_n 的规律吗？能用式子表示吗？

生：$F_{n+2} = F_{n+1} + F_n$（$n \in N^*$）。

师：非常好！这样我们就可以得到，一对兔子一年可繁殖233（F_{13}）对。

这个数列是由意大利人斐波那契于1202年从兔子繁殖问题中提出的，为了纪念他，人们就把这种数列称为斐波那契数列。根据斐波那契数列画出来的螺旋曲线叫"斐波那契螺旋线"，也称"黄金螺旋"。自然界中存在许多斐波那契螺旋线的图案（教师用多媒体展示图片），是自然界最完美的经典黄金比例（教师此时展示图1-2-1至图1-2-4）。

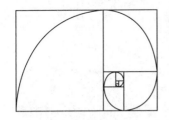

图1-2-1　斐波那契螺旋线

图1-2-2　蜗牛

图1-2-3　花瓣

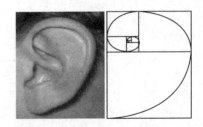

图1-2-4　人耳

生：（一片惊呼）好神奇啊！

师：斐波那契专门定义了数列递推公式的概念，并由此产生了怎样利用递推公式求数列通项的问题。本章我们将紧紧围绕数列的递推公式，一起来探究求解数列通项的常见方法。

设计意图：通过数学史的引入，不仅激发学生学习的兴趣，还可以让学生简单了解利用递推公式求解数列通项问题的历史来源。通过表格和图片呈现斐波那契数列，鲜活的实际案例、奇妙的分布规律、优美的螺旋曲线对学生形成强烈的刺激。通过这种方式，不仅数学的美能够被学生感受到，而且能够充分地发挥数学的文化价值，进而促进对学生数学核心素养的培养。

六、以纳入数学核心素养为原则进行教学评价

基于数学核心素养的教学设计，在教学时应当纳入对学生核心素养的评价。传统的学生评价是一种功利性评价，评价内容片面，评价手段单一，评价标准机械，过于关注结果，忽视日常的、动态的、过程性的评价。因此，基于核心素养的学生评价方法要体现多样化，要综合使用定量、定性评价；评价主体和评价方式要具有多元性和开放性，评价方式可以采用发展性评价、表现性评价等多元化途径对学生的各个方面进行综合评价。

第三节　教学设计要呈现出数学核心素养

一、教学设计要呈现出数学抽象

数学抽象是指舍去事物的一切物理属性，得到数学研究对象的思维过程。具体而言，数学抽象是从事物的具体背景中抽象出一般规律和结构，并且用数学符号或者数学术语予以表征。

在《集合》一章的教学设计要对集合语言重点呈现；在《立体几何初步》一章的教学设计要突出几何语言、图形语言等内容，并能让学生正确表述。在数学抽象核心素养的形成过程中，积累从具体到抽象的活动经验。这样学生能更好地理解数学概念、命题、方法和体系，能通过抽象、概括去认识、理解、把握事物的数学本质，能逐渐养成一般性思考问题的习惯，能在其他学科的学习中主动运用数学抽象的思维方式解决问题。

二、教学设计要呈现出逻辑推理

逻辑推理是指从一些事实和命题出发，依据逻辑规则推出一个命题的思维过程。逻辑推理在选修 1 – 1 和 2 – 1 教材《类比与推理》一章中都有所体现，其重点是思维的严密性，如演绎推理，而类比推理是思维的发散性的体现，它们要在教学设计中区别对待，更要特别呈现演绎推理的逻辑性、有序性。在逻辑推理核心素养的形成过程中，学生能够发现问题和提出问题；能掌握推理的基本形式，表述论证的过程；能理解数学知识之间的联系，建构知识框架；形成有论据、有条理、合乎逻辑的思维品质，增强数学交流能力。

三、教学设计要呈现出数学建模

数学建模是指对现实问题进行数学抽象，用数学语言表达问题、用数学知识与方法构建模型解决问题的过程。现行的教材不论是必修内容还是选修内容，都非常重视数学建模，这对教师的教学设计也是一个挑战。

四、教学设计要呈现出直观想象

直观想象是指借助几何直观和空间想象感知事物的形态与变化，利用图形理解和解决数学问题的过程。数形结合是数学解题中的基本思想和基本方法，在《函数》《直线和圆》《线性规划》《导数》《椭圆》《抛物线》《双曲线》等章的教学设计中都可以体现出来，设计时要注重利用图形分析、描述事物运动的规律，从而让学生打开解题思路。在直观想象核心素养的形成过程中，学生能够进一步发展几何直观和空间想象能力，增强运用图形和空间想象思考问题的意识，提升数形结合的能力，感悟事物的本质，培养创新思维。

五、教学设计要呈现出数学运算

数学运算是指在明晰运算对象的基础上，依据运算法则解决数学问题的过程，主要包括：理解运算对象，掌握运算法则，探究运算方向，选择运算方法，设计运算程序，求得运算结果等。每一次作业、考试，都会有学生出现"算错"这种事情，像幂指数、对数运算易错；数列中的错位相减法易错；导数运算易错等。实际上这不是意外，是运算能力较弱的体现。这就要求教师在备课、设计教案时要指出学生的错误原因，使学生养成程序化思考问题的习惯，形成一丝不苟、严谨求实的科学精神。

六、教学设计要呈现出数据分析

数据分析是指针对研究对象获得相关数据，运用统计方法对数据中的有用信息进行分析和推断，形成知识的过程。

数据分析教材是单独成册，如必修 3、选修 1 - 2 等，高考试题每年必考与之相关的一道解答题，这也再一次显示统计这一内容的重要性。教师在教学设计时可以放开手，尝试粗略性讲解，锻炼学生的收集、归纳能力，使学生养成通过数据思考问题的习惯，积累依托数据探索事物本质、关联和规律的活动经验。

第四节　指向数学核心素养的教学目标设计

一、指向数学核心素养的教学目标要求

高中数学课程以学生发展为本，落实立德树人根本任务，培育科学精神和创新意识，提升数学学科核心素养。指向数学核心素养的教学只有通过深度学习，不断提高学习质量，才可以在数学核心素养的培育方面获得进展。

深度学习需要确立深度教学目标。它是能够建立适合学生的知识结构，提高学生批判、运用能力，促进学生素养养成的教学目标。由于深度学习意味着理解与批判、联系与结构、迁移与应用，根据布卢姆教育目标分类学（安德森等修订）可知，在记忆、理解、应用、分析、评价和创造六个认知水平中，（机械）记忆、（浅层）理解是属于浅层学习的范畴，而应用、分析、评价和创造则属于较高认知水平的深度学习。深度学习目标与布卢姆目标分类学认知水平对应关系如表 1-4-1 所示。

这就要求导向深度学习的目标设计需要关切以下几个方面：一是价值维度指向高阶思维；二是内容维度聚焦学科本质；三是方法维度强化问题解决；四是评价维度凸显实践创新。如此，方能兼顾三维目标，导向深度学习，聚焦核心素养的培育。

表 1-4-1　深度学习目标与布卢姆目标分类学认知水平对应关系

学习类型	目标层次	内涵
浅层学习	记忆	从长时记忆中提取有关信息
	理解	从教学信息中建构知识意义
深度学习	应用	在新情境中应用所学知识技能
	分析	将材料分解成要素，明确各要素间的关系及其与整体的关系
	评价	依据一定的标准对所学知识技能作出价值判断
	创造	将各要素整合成一致的或实用的整体，组成新的模式或结构

二、指向数学核心素养的数学教学目标设计

教学目标是教学的基本前提，是教学的出发点和归宿。在新课标理念下，教师在制定教学目标时应当立足于数学核心素养。数学教学目标所要表达的是"谁来做？做什么？怎么做？在什么条件下做？做到什么程度？"，包括目标的主体、目标的客体、达成目标的方式、实现目标的条件、目标的落实程度五个方面。

（一）前期：做好三个深度分析

1. 深度分析课程标准

对数学课程标准的深度解读，有利于教师整体把握数学学科学习的总体目标，并引导教师从思考自身"教什么""教到什么程度"向思考学生"学什么""学到什么程度"转变。

以"函数的单调性"为例，《普通高中数学课程标准（2017年版）》在必修阶段和选修阶段对函数的单调性内容的学习提出了具体要求，如表1-4-2所示。

表1-4-2　函数单调性在《普通高中数学课程标准（2017年版）》中的学习要求

课程性质	课程内容	课程要求
必修课程	函数概念与性质	借助函数图像，会用符号语言表达函数的单调性、最大值、最小值，理解它们的作用和实际意义
	幂函数、指数函数、对数函数	1. 能用描点法或借助计算工具画出具体指数函数的图像，探索并理解指数函数的单调性与特殊点 2. 能用描点法或借助计算工具画出具体对数函数的图像，探索并了解对数函数的单调性与特殊点 3. 能用描点法或借助计算工具画出具体幂指数函数的图像，探索并理解幂指数函数的单调性与特殊点
	三角函数	借助单位圆理解三角函数的定义，能画出这些三角函数的图像，了解三角函数的周期性、单调性、奇偶性、最大（小）值
	函数应用	结合现实情境中的具体问题，利用计算工具，比较对数函数、一元一次函数、指数函数增长速度的差异，理解"对数增长""直线上升""指数爆炸"等术语的现实含义

续 表

课程性质	课程内容	课程要求
选修课程	一元函数导数及其应用	1. 结合实例，借助几何直观了解函数的单调性与导数的关系；能利用导数研究函数的单调性；对于多项式函数，能求不超过三次的多项式函数的单调区间 2. 体会导数与单调性、极值、最大（小）值的关系

同时，在教学提示中明确提出，"函数单调性的教学，要引导学生正确使用符号语言清晰地刻画函数的性质"。在学业要求中明确提出，"重点提升数学抽象、数学建模、数学运算、直观想象和逻辑推理素养"。

由此观之，数学课程标准决定了本节课教学目标的宏观要求：在数学学科素养层面，要关切数学抽象素养、逻辑推理素养、数学运算素养等；在数学思想方法层面，要关切数形结合思想、模型化思想、特殊与一般思想等。

2. 深度分析教材内容

数学教材是数学教学内容的基本依据，但教师不是用教材去教学生学习教材，而是用教材教学生学习数学，因而数学教材只是数学教与学的一种素材和资源，是一种有待教师去解读的文本。其深度分析的关键在于对数学学科本质的把握，包含把握数学知识的产生与来源、数学知识的结构与关联、数学知识的价值与意义等。为此，教师可以从"知识的类型""知识的水平""知识的意义"三个维度对数学教材内容进行解读。"知识的类型"是指从知识维度对学习内容所对应的知识类型进行划分；"知识的水平"是指从对不同类型的知识应达到的学习水平层次进行分析；"知识的意义"是指从学生未来发展的维度对学习内容的价值进行分析并进行取舍。

以"函数的单调性"为例，从教材知识编排的角度讲，中学阶段对于函数单调性的学习共分为三个阶段。第一阶段是在初中学习了一次函数、二次函数和反比例函数图像后对增减性有一个初步的感性认识；第二阶段是在高一进一步学习函数单调性的严格定义，从数和形两个方面理解单调性的概念；第三阶段则是在高三以导数为工具研究函数的单调性。因此，本节课的知识，既是初中学习的延续和深化，又为高三的学习奠定基础。

从知识学习的方法角度讲，函数单调性是函数性质中第一个用数学符号语言来刻画的概念。因此，函数单调性的学习为进一步学习函数的其他性质提供了方法和依据。

从培养数学核心素养的角度讲，在函数单调性概念的形成过程中，学生经历由具体到抽象的过程，经历三种语言的转化，有利于数学抽象素养的培育。在把握函数单调性定义时，体会全称量词、存在量词等逻辑用语的作用，有利于逻辑推理素养的培育。在函数单调性的证明过程中，可以发展学生的数学运算素养。

3. 深度分析学生

深度学习的教学目标最终指向学生的深度变化，这是衡量教学预期目标是否实现最为重要的标准。因此，指向深度学习的教学目标设计需要最大限度地走入学生的真实世界。这需要从三个方面进行深度分析：一是学生的前理解分析，深度分析学生的知识水平、学习能力、活动经验等，从中确定学生学习的关注点和困难处；二是学生的内源性分析，深度分析学生的学习兴趣、学习态度、学习习惯等，从中确定学生学习兴趣的引发处、情感的共鸣处与思维的迸发处；三是学生的趋向性分析，深度分析学生可能发生的状况与可能的发展，从中确定学生认知发展的层次序列。

以"函数的单调性"为例，作为高一的学生，通过前面函数概念和初中常见初等函数的学习，学生已经基本了解了映射观念下的函数及其要素，但对于函数有一些什么样的性质，只有一些感性的、模糊的认识，还没有涉及严格的数学意义上的探讨，这是学生学习的现实基础。学生通过初中一些常见初等函数的学习，能够感受函数图像的变化趋势，这说明学生具有了探究函数单调性的条件。但对于一般的数学意义上的描述，是学生所不能的，也是迫切需要知道的。因此，认识函数的单调性这一核心任务就处于学生心理的最近发展区，这是学生学习的心理基础。

（二）中期：注意科学陈述与适度调整

1. 教学目标的初步建构

以"函数的单调性"为例，确定本节课需要达到以下一些教学目标：

（1）能从形与数两方面理解函数单调性的概念。

（2）初步掌握函数单调性的证明方法。

（3）经历从具体到抽象、从特殊到一般、从感性到理性的认识函数单调性的过程。

（4）通过对函数单调性概念的探究，培养自己观察、归纳、抽象的能力和语言表达能力。

（5）通过对函数单调性的证明，提高自己代数推理论证能力。

（6）通过对函数单调性概念的探究，培养合作交流的意识和大胆猜想、乐于探究的良好品质。

2. 认知过程的深度分析

显然，上述教学目标本质上是以"三维目标"的方式进行表述的，未能充分体现学生达成该目标所应有的条件与方式，故显得比较空泛，无法真正导引学生的深度学习。而指向深度学习的教学目标是基于前述三个深度分析，将教学内容逐步分解在教学过程中，是一个根据教学实际情况逐步实现深度学习的过程。因此，需要对学生的认知过程进行剖析，才能寻找到达成目标的方式和实现目标的条件。

在高一阶段，学生将在初中经验感知的基础上，通过图形化理解（学生通过函数图像来判断单调性）、关系化理解（通过自变量和因变量的关系来理解单调性）、离散化理解（将两个变量的整体关系离散为任意两个点对应变量的关系来理解单调性）三个层次来理解函数单调性的概念。具体而言，需要经历"感知""想象""概括""固化""应用""结构"六个环节。

3. 教学目标的精细加工

仍以"函数的单调性"为例，"函数的单调性"教学目标：

（1）结合一次函数、二次函数，说明函数的变化趋势（理解层次）。

（2）能借助具体函数的图像直观经历符号化过程，抽象出函数的单调性概念（分析层次）。

（3）能利用函数图像写出函数的单调区间，能利用定义证明一次、二次函数和反比例函数在某个区间的单调性（应用层次）。

（4）积极参与同学间、师生间的交流活动，知道符号化表达数学定义的意义，体会数学概念学习的基本方法（评价层次）。

（三）后期：凸显教学活动中的目标意识

教学目标不仅是一节课的起点与终点，还贯穿整个教学过程。为此，在教学目标设计时要对认知过程进行深度分析，对实现教学目标的具体教学活动有充分预设，同时，在教学活动设计和教学实施中，教师要紧扣教学目标，将教材内容转变为深度问题，利用深度问题的解决促进学生的深度参与，将知识传递的学习方式转变为知识创造及其有目的的使用，能较好地培育学生高阶思维。

以"函数的单调性"为例，在函数的单调性教学设计中，我们可以通过观察股票曲线、天气变化曲线，画一次函数、二次函数图像等活动，调动学生原有基本活动经验，提出本章课程拟解决的深度问题（任务）："研究函数图像变化趋势，并用符号语言表达这种变化。"然后将这一问题分解为若干子问题，每一个子问题都会充分调动学生活动——"看"（学生看图像的变化趋势）、"说"（学生用文字语言表达变化趋势）、"固"（学生在教师搭建的脚手架下用符号语言表达函数单调性的概念）、"用"（学生在函数单调性的证明中深化概念的理解）、"思"（反思回顾，厘清知识结构，并提炼数学概念学习的基本过程）。

（四）基于学生深度学习，实施有效的课堂教学

课堂预设与教学生成是相互促进的，课堂教学的有效性，离不开精心的教学设计。基于学生的深度学习，我们的教学设计理念：为促进学生深度学习而设计课堂；教是为了不教，要教得少，学得多；不可能一堂课自始至终发生深度学习，但是在关键目标与内容的学习上，没有深度学习过程的教学，不会是有效的教学；课堂教学内掌握的不是学生学习的全部内容；许多潜在的学习是在深度学习过程中实现的。

基于以上教学设计理念，有效的教学策略主要有：①赋予课堂生命成长的意义；②从学生已有经验和兴趣出发，创设问题情境；③引导学生自我提问，以问题引领思维；④以目标任务为驱动，发挥小组学习共同体作用；⑤引导学生领悟数学思想与方法；⑥帮助学生形成开放的知识结构等。

第二章

核心素养下的数学教学情境设计

2017 年版《课标》指出："高中数学教学以发展学生数学学科核心素养为导向，创设合适的教学情境，启发学生思考，引导学生把握数学内容的本质。提倡独立思考、自主学习、合作交流等多种学习方式，激发学习数学的兴趣，养成良好的学习习惯，促进学生实践能力和创新意识的发展。"可见，创设合适的教学情境，激发学生学习兴趣，激活学生的求知欲望，是培养学生数学素养的有效策略之一。

第一节　数学教学情境的含义

一、数学教学情境的内涵

教学情境是指在课堂教学中根据教学的内容，为落实教学目标所设定的适合学习主体并作用于学习主体产生一定情感反应，能够使其主动积极进行建构性学习的具有学习背景、景象和学习活动条件的学习环境。

数学教学情境是指以一种培养学生自主学习和激发学生问题意识为价值取向的刺激性的数据材料和背景信息。

创设好的教学情境具有以下几个方面的作用：①能够充分吸引学生的注意力；②能够提高学生的参与度；③能够大大激发学生的学习欲望；④丰富学生的情感体验。

二、设置教学情境的意义

（1）创设教学情境是激发学生学习数学的兴趣的需要。

（2）创设教学情境是培养学生的合作探究能力的需要。

（3）创设教学情境是培养学生的问题意识的需要。

（4）创设教学情境是发展学生数学核心素养的需要。

新课标要求高中数学教学要以发展学生数学学科核心素养为导向，创设合适的教学情境，启发学生思考，引导学生把握数学内容的本质。设置恰切的问题情境能够唤起学生思维、激发其内驱力，促使学生主动探究、内化建构、提升素养。

第二节　数学教学情境的基本要素

教学情境是课堂教学的基本要素，创设教学情境也是教师的一项常规教学工作，创设有价值的教学情境则是教学改革的重要追求。有价值的教学情境应具备以下几个特性。

1. 生活性

教学要解决生活世界与科学世界的关系，为此，创设教学情境，第一要注重联系学生的现实生活，第二要挖掘和利用学生的经验。

2. 目的性

教学情境的创设要具有明确的目的，要有利于教学，要能使学生的思维趋向于某一确定的方向，要能揭示数学概念或规律，要直接有利于当堂所研究的课题的解决，要有利于激发学生思维的积极性，这样才能做到有的放矢，体现出问题情境的典型性。

3. 针对性

教学情境的设计，要从实际出发，考虑到大多数学生的认知水平，应面向全体学生，切忌专为少数人设置。既要考虑教学内容，又要考虑学生的差异，注意向学生提示设问的角度和方法，要让每位学生从教师的情境设计教学中得到发展。

4. 新颖性

教学情境的设计要具有新颖性。新颖的、引人入胜的问题情境，能使学生投入更大的精力，调动相关的认知系统，提出新的问题，从而形成解决问题的能力。相反，教师创设的问题情境缺乏新颖性，是数学教学缺乏生机的一个重要原因。目前，仍存在数学教学中进行重复操练的现象，这样容易使学生产生厌倦感，不利于学习积极性的维持。

5. 适度性

在教学中，教师要把课堂还给学生，让学生真正成为课堂的主体；问题的创设要有梯度，简单的问题要让学生都能会，有难度的问题有人会；同时又要按照"最近发展区"理论，富有挑战性，使学生可以"跳一跳，就得到"，从而实现学生的"现有水平"向"未来的发展水平"的迁移。

6. 形象性

教学要解决形象思维与抽象思维、感性认识与理性认识的关系。为此，我们所创设的教学情境，首先应该是感性的、可见的、摸得着的，它能有效地丰富学生的感性认识，并促进感性认识向理性认识的转化和升华；其次应该是形象的、具体的，既使学生获得更多的知识、掌握更多的事物，又能促使学生形象思维与抽象思维的互动发展。

7. 启发性

情境创设要有启发性。问题并不在多少，而在于是否具有启发性，是否能够触及问题的本质，并引导学生深入思考。要给学生一定的思考时间和空间，必要时可作适当的启发引导，教师的启发要遵循学生思维的规律，不可强制要求学生按照教师提出的方法和途径去思考问题。

8. 问题性

教师设计的教学情境，要能让学生不断提出新的数学问题，提出带有研究价值的新问题，让学生不断建构新知识，保持思维的持续性，真正做到让学生一直参与课堂，而不是等待问题的出现。

9. 全程性

教学情境创设应贯穿教学的全过程。情境的创设不应只在课堂教学的开始阶段，在整个教学过程中教师都可以根据具体情况创设合理的情境，激发学生的参与热情，引导他们主动参与教学的全过程。这样，我们才能真正突出学生的主体地位，才能使我们的数学课堂教学焕发出生命的活力。

10. 情感性

情感性指教学情境具有激发学生情感的功效。

总之，创设的情景要源于学生生活，形象生动，激发情感，与数学联系紧密，问题意识强。

第三节 数学教学情境的创设要求

一个好的数学教学情境，一个能体现数学核心的教学情境，应该也必须同时具备这样的一些功能：启迪思维，激发兴趣，培养态度，为了当下。

教学情境不仅包括生活化情境、其他学科与数学之间联系的情境，还包括数学知识内部联系的情境，等等。创设教学情境，其最终目的是让学生经历数学化的过程，让学生获得新知，形成能力，提升数学素养。而且，从数学教学上来说，"数学化"应该是学生的而不是教师的，是学生对教师所创设的教学情境进行数学思考的过程。

为了提高情境创设的有效性，我们要在"近、实、活"三个字上下功夫。

一、情境创设要追求一个"近"字

1. 贴"近"学生现实生活

教师要从学生的生活经验和心理特点出发，用学生的眼光去寻找那些现实、有趣、富有挑战性的，与学生生活背景密切相关的素材，创设一个个使他们乐于接受的学习情境。

2. 接"近"学生学习起点

所谓学习起点是指学习者在从事新的学习活动时，原有的知识水平、心理发展水平对新的学习的适应度。教师如何把握学习起点，一方面可以通过深入研究教材，寻找新旧知识的连接点；另一方面可以通过课前小调查或谈话来了解学生原有的基础。

3. 走"近"数学学习主题

"情境设计要紧扣数学知识或技能，离开了这一点就不是数学课"。比如，当教师提出"你发现了什么?"这一宽泛性问题后，待学生思考一会儿，就可补充一个具有定向性特点的问题"你能提出哪些数学问题?",使学生尽快进入数学学习主题,展开数学思维。

二、情境创设要注重一个"实"字

1. 内容要"真实"

教学情境应该是社会生活中真实发生和可能发生的,不是教师为了使用的需要人为编造的情境。例如,一位教师教学"线性规划"时,创设了这样一个情境:"学校要组织春游活动,王丽同学去商场买旅游鞋,有两种款式她都比较喜欢。第一款标价是每双127元,第二款标价是5双共565元,哪种款式更便宜?"该情境一出示,马上有学生提出说:"我看到商场里的鞋子都是标单价的,没有标5双一共多少元的。"可见,这种与生活实际不符的虚假情境,不但起不到情境本身的作用,反而给学生造成负面效应。

2. 形式要"朴实"

教学就如平常生活,简单有效才是真。不要为了追求表面热闹和某种形式而把简单的东西人为地搞复杂了。过于繁杂的教学情境不仅会占用过多的课堂时间,造成主次不清,还会扰乱学生思维,造成选择性偏差。比如,教师如果受制于多媒体课件,会不停地在讲台上忙碌操作,脑子里不停地思考着下一步的点击切换,往往会忘了学生的存在,顾及不到与学生进行心灵的对话与沟通,也就会失去捕捉鲜活资源来创设"生成性情境"的机会。因此,在创设教学情境时,要充分考虑情境的可操作性和简洁性,力争朴实无华。

3. 运用要"务实"

我们在教学中不能简单地理解一堂数学课创设了情境就是体现了新的课程理念。我们要看所创设的情境是否为教学目标服务,如果一个情境不能有效促进教学目标的达成,那么该情境是没有内涵的,只是追求表面的"轰动效应",也就成了课堂的装饰或摆设。例如,有一位教师为了追求课堂的生动有趣,一会儿以奥运话题导入新课,一会儿是天线宝宝来探究新知,这种追求表面形式而缺乏数学味的情境,只能搞得学生眼花缭乱。可见,教师在运用情境开展教学时,要有很强的目的性,做到务实高效。

三、情境创设要突出一个"活"字

1. 激"活"思维

有价值的数学情境应该是在生动的情景中蕴含着一些有思考力度的数学问题，即能让学生"触景生思"。能否激活思维，是评价数学教学情境是否有效的核心要素。因此，教师在创设情境时，应该把激活数学思维放在首位。

2. 诱"活"气氛

在确保能激活思维和操作简便的前提下，所创设的情境要能充分激发学生的学习兴趣，诱导学生积极主动地参与到学习中来，特别是低年级学生，更应该创设一些喜闻乐见、生动活泼的教学情境，促使学生在最短的时间里被吸引到学习中来。例如，一位教师在教学"等差数列"一课时，创设了这样一个情境：教师神秘地拿出一只黑色的袋子，学生眼睛"唰"地一下都集中在了老师身上，迫不及待地想知道袋子里装着什么东西。老师告诉学生里面装着红、绿两种颜色的小圆片，然后让学生猜一猜老师第一次可能拿出什么颜色的小圆片。猜对的学生欢呼雀跃，猜错的学生扫兴中又跃跃欲试。老师又让学生猜第二次可能拿出什么颜色？第三次呢？学生兴趣盎然地猜着……越往后学生越容易猜对。此时，教师不失时机地问学生："为什么能猜得这么准？这里面有什么奥秘？"在学生的"兴奋点"上，教师逐渐将他们引入"找规律"的自主探索活动之中。

3. 用"活"情境

我们在调研中发现，许多教师的情境设置只起到"敲门砖"的作用，当教师用"砖"敲开"门"之后，即导入新课后，该情境也就退出了"历史舞台"，剩下的大量时间还是脱离情境单纯地学习数学知识。我们认为，一堂数学课情境不宜过多，而是要将一个中心情境用足、用活，将它巧妙地贯穿于多个教学环节中，让情境的设置在学生学习过程中自始至终发挥一定的导向作用。

第四节　数学教学情境的创设策略

数学教学中问题情境的创设通常有以下几个策略。

一、创设生活情境，让学生"悟"数学

数学的高度抽象性常常使学生误以为数学是脱离实际的；其严谨的逻辑性使学生缩手缩脚；其应用的广泛性更使学生觉得高深莫测，望而生畏。教师从数学在实际生活中的应用入手，将数学与学生生活的结合点相互融通创设问题情境，让学生体验数学与日常生活的密切关系，使学生感受数学知识学习的现实意义与作用，认识到数学知识的价值，这样也更容易激发学生的好奇心和兴趣，培养学生的主体意识。

近代教育学家斯宾塞指出："教育要使人愉快，要让一切教育有乐趣。"教育家乌辛斯基也指出："没有丝毫兴趣的强制性学习，将会扼杀学习探求真理的欲望。"因此，教师设计问题时，要新颖别致，使学生学习有趣味感、新鲜感。

【案例一】　函数

在"函数"的教学中，可以创设如下情境：

在世界著名水城威尼斯，有一个马尔克广场，广场的一端有一座宽 82 米的雄伟教堂，教堂的前面是一方开阔地，这片开阔地经常吸引着四方游人到这里来做一种奇特的游戏，先把眼睛蒙上，然后从广场的一端走向另一端去，看谁能到教堂的正前面，你猜怎么着？尽管这段距离只有 175 米，竟没有一名游客能幸运地做到这一点，他们都走了弧线或左右偏斜到了另一边。

1896 年，挪威生物学家揭开了这个谜团。他收集了大量事例后分析说：这一切都是由于个人自身的两条腿在作怪！长年累月的习惯，使每个人伸出的步

子，一条腿要比另一条腿长一段微不足道的距离，而正是这一段很小的步差 x，导致人们走出了一个半径为 y 的大圆圈！设某人两脚踏线间相隔 0.1 米，平均步长为 0.7 米，当人在打圈子时，可得出圈圈的半径 y 与步差 x 的关系。

评注： 上述生动和趣味性的学习材料是学习的最佳刺激，在这种问题情境下，复习高中的函数定义，引导学生分析以上关系也是一个映射，将函数定义由变量说引向集合、映射说。学生在这种情境下，乐于学习，有利于信息的贮存和理解。

【案例二】算术平均数与几何平均数

师：某人中秋节到超市买两斤糖果，不巧超市的电子秤坏了，但超市还有一个不等臂但刻度准确的坏天平，于是售货员先把糖果放在天平的左侧称出"一斤"，再拿出一些糖果放在天平的右侧称出"一斤"，然后把两次称出的糖果合在一起给了他，并且解释："一边多一边少，加在一起就正好。"这种称法准确吗？如果不准确，那么是称多了还是称少了？

评注： 此案例的问题情境贴近生活，给学生创设了一个观察、联想、抽象、概括、数学化的过程，在这样的实际问题情境下，学生一定会想学，乐学，主动学，培养了学生数学抽象与数学建模素养。

【案例三】出租车计价标准问题

某市出租车计价标准：4km 以内 10 元（包含 4km），超过 4km 且不超过 10km 的部分 1.5 元/km，超过 10km 的部分 2 元/km。问：

① 某人乘车行驶了 8km，他要付多少车费？

② 试建立车费与行车里程的函数关系式。

③ 如果某人付费 35 元，他乘车乘了多少 km？

学生对这个例子会比较熟悉，问题①，对一般学生来说都没问题，关键是问题②，怎样建立这个函数关系式？同学自然会想到，对于不同的行程 x，车费 y 的表达式是不一样的。

具体有三个关系式：

① $y = 10 \ (x \leqslant 4)$

② $y = 10 + 1.5(x - 4) \ (4 < x \leqslant 10)$

③ $y = 10 + 1.5 \times (10 - 4) + 2(x - 10)$ $(x > 10)$

很自然用到了分段函数，既然函数表达式得出，问题③也就迎刃而解，此案例不仅用到分段函数，又复习了函数的实际用途。

二、创设游戏情境，让学生"玩"数学

游戏符合学生生理和心理的特征，通过丰富多彩的游戏活动，可以帮助学生发展体力、智力、交际能力和情感等。正是因为游戏的趣味性很强，容易诱发学生的兴趣，所以将一些数学问题改造为有趣的数学游戏，大大提高学生学习数学的积极性和主动性，从而提高数学课堂教学的效率。教师可以根据教材内容，从生活中寻找有趣的游戏情境，激发学生学习热情，活跃课堂氛围，达到事半功倍的结果。

【案例四】"子集，交集，并集，补集"

这是高中必修的内容，在教授这个知识点的时候，教师就可以让学生做一个小游戏。游戏参加者是全班同学，游戏开始之前，教师让学生先回顾子集、交集、并集、补集的概念，然后将全班同学视为全集 U，男同学视为集合 A，戴眼镜的同学视为集合 B。游戏规则就是教师在说到 A 的补集，B 的补集，A 与 B 的交集、并集，A 与 B 的补集的交集，A 的补集与 B 的并集等问题时，在集合中的同学要马上起立，没在集合中的同学则坐着不动。通过这个游戏，让学生理解子集、交集、并集、补集的概念，掌握子集、交集、并集、补集的本质，并且能够在游戏中发现规律，解决实际问题。

评注：利用游戏创设生活化情境，不仅避免了课堂上"教师讲，学生听"的枯燥模式，也激发了学生的学习兴趣，让学生在游戏中开动脑筋，活动思维，加深对知识概念的理解，学会思考，学会将课本上的知识点与实际生活相联系，进行自主探究学习。

【案例五】用二分法求方程的近似解

师：我们做个价格竞猜游戏。我上课用的小型"麦克风"扩音器的价格标签是 100～1000 元的某个整数，你们来猜它的准确价格（误差不超过 30 元）。

我将对你们的答案做"偏高""偏低"或者"正确"的提示,谁能既准确又迅速回答出扩音器的价格呢?并思考按什么样的规律猜才能提高猜测的效率?

评注:赞可夫说"教学法一旦触及学生的情绪、意志领域,触及学生的精神需要,这种教学法就能发挥高度有效的作用"。好动好玩是学生的天性,教师如果在课堂上恰当地创设一些与学习内容相关的、学生喜闻乐见的游戏,不仅能够活跃课堂气氛,同时也能极大地满足学生的心理需求,使他们积极投入到数学学习中去,就能激发学生参与学习的积极性,能使学生在玩中学习、在乐中思考,使教学收到事半功倍的效果。

三、创设质疑情境,让学生"思"数学

学生的积极思维往往由问题诱发,又在解决问题的过程中得到发展。在新一轮课程改革的教学活动中,自主探索的积极性和主动性主要源于学生充满疑问的问题情境。

著名学者曾提出:"数学问题是数学的灵魂。"也就是说,数学的研究都是源于问题的探索。这也就是为什么缺乏问题的课堂教学激不起学生兴趣的原因。因此,在创设情境的时候利用好问题,能达到很好的教学效果。而探究就是善于质疑问难,发现问题并深入研究解决问题。因此,在教学中教师可以根据教材内容,巧妙地创设问题情境,使学习内容和学生的求知心理一致,利用所学的知识解决问题,学生的注意、思维、记忆凝聚在一起,达到智力活动的最佳状态,从而获得较好的学习效果。

【案例六】相互独立事件

在"相互独立事件"教学中,可以根据我国民间流传寓意深刻的谚语"三个臭皮匠胜过诸葛亮"设计这样一个问题:

师:已知诸葛亮想出计谋的概率为 0.85,三个臭皮匠甲、乙、丙各自想出计谋的概率为 0.6、0.5、0.4。问这三个臭皮匠能胜过诸葛亮吗?

评注:俗话说,"学源于思,思源于疑"。没有问题,就难以诱发和激起学生的求知欲望,也就不会去深入思考。因此,在教学关键处,教师必须从教材和学生的心理特征出发,充分设计问题情境,不断造成学生的"认知冲突—发现问题—解决问题—再发现问题"的循环过程,让学生身临其境,从而主动参

与，激发学生学习的动机和兴趣。

四、创设类比情境，让学生"猜"数学

猜测是一种创造性的思维方式，是数学理论的胚胎。历史上有许多重要的数学发现都是经过合理的猜测这一手段得到的。数学课堂，是数学思想的滋生地，是合理猜想意识的培养基地。教师作为引路人，应深入钻研教材，从教材中挖掘出适合猜想的内容，为学生提供猜想的机会。仔细观察事物现象，引导观察猜想；分类比较寻找规律，引导归纳猜测；捕捉相似之处，引导类比猜测；抓住相关联系，引导联想猜测。从小培养学生的猜测能力，鼓励学生标新立异，大胆质疑，使他们将来获得重大发现。

【案例七】类比推理

师：从一个传说说起：春秋时代鲁国的公输班（后人称鲁班，被认为是木匠业的祖师）一次去林中砍树时被一株齿形的茅草割破了手，这桩倒霉事却使他发明了锯子。他的思路是这样的：茅草是齿形的；茅草能割破手。我需要一种能割断木头的工具，它也可以是齿形的，这个推理过程是归纳推理吗？

评注：在教学过程中，教师提出问题，而不是直接给学生结论，创设一种学生愿意主动去经历的活动，激发探索热情，学生经历自主探索，合作交流，猜想验证，这种自主发现式活动是学生在老师的引导下"再创造"的过程，这种学习方式不仅使学生对获得的知识理解得更深刻，而且培养了数学探究能力和逻辑推理素养。此外，平面几何与立体几何，二面角与平面角，圆、椭圆、双曲线、抛物线图像与性质，等差数列与等比数列、空间向量与平面向量等的学习中都可以进行类比。

五、创设故事情境，让学生"乐"数学

情境教学法是指教师创设适合的情境，让学生在情境中学习，这种方法更容易使学生接受新知识。

【案例八】等比数列的前 n 项和

师：在古印度，有个名叫西萨的人，发明了国际象棋，当时的印度国王大

为赞赏，对他说："我可以满足你的任何要求。"西萨说："请给我棋盘的 64 个方格上，第一格放 1 粒小麦，第二格放 2 粒，第三格放 4 粒，往后每一格都是前一格的 2 倍，直至第 64 格。"国王令宫廷数学家计算，结果出来后，国王大吃一惊。为什么呢？同学们，你们知道西萨要的是多少粒小麦吗？

评注：数学文化是人类文化的重要组成部分。数学课程应帮助学生了解数学在人类文明发展中的作用，逐步形成正确的数学观。数学趣味历史典故、数学史料的引入可以集中学生的注意力，引起学生的好奇心，驱动学生积极思考并产生探究的欲望，学生兴趣十分浓厚，很快就进入了主动学习的状态。同时，学生从中不但了解了历史，还受到了尊重科学、尊重真理的教育，培养了学生数学运算素养。

六、创设操作情境，让学生"做"数学

数学"实验"使教师真正改变"传授式"的讲课方式，学生克服"机械式"的死记硬背，更加突出了学生的主体地位。高中生对数学"实验"有着浓厚的兴趣，基于这一特点，教师创设"实验式"问题情境，能有效激发学生的好奇心和求知欲，促进思维进入最佳状态，使他们对学习数学的态度由被动转化为主动，从而产生强烈的自信心和成就感。教学实践表明，通过学生亲自进行的数学"实验"所创设的教学情境，其教学效果要比单纯的教师讲授有效得多。

【案例九】线与平面垂直的判定定理

在线面垂直的判定定理的引入中，教师可让每个学生准备一块三角形纸片，过顶点 A 翻折该纸片得到折痕 AD，请同学们研究：如何来翻折纸片，才能使折痕 AD 与桌面垂直呢？

评注：美国华盛顿儿童博物馆有一句醒目的格言："我听到了就忘记了，我看见了就记住了，我做过了就理解了。"这充分说明了动手的价值。学生通过自己动手操作，不仅能主动地获取知识，而且能不断丰富数学活动的经验，学会探索，学会学习，体会"做"数学的乐趣，培养了学生直观想象素养。

【案例十】 平面基本性质

在"平面基本性质"的教学中，可以创设如下情境：

教师先让学生取出一支笔和一个三角板（纸板也行）。

问题1：谁能用一支笔把三角板水平支撑住，且能绕教室转一周？

此时，所有同学的兴趣都被调动了起来，并开始尝试，但都失败了。

问题2：谁能用两支笔把三角板水平支撑住？

学生尝试，结果还是不行。

问题3：那么用三支笔可以吗？通过实验发现，现在可以了。那么，你能从中发现什么规律呢？一个平面由三个点唯一确定。

问题4：任意三个点都可以吗？

教师把三支笔排成一排，发现无法支撑住。

问题5：那么我们添加什么条件就可以确保能撑住呢？

绝大部分同学都认为要添加不共线的条件。

评注：这样的教学，完全是学生的发现而不是教师的强给，通过学生动手实验，强烈地调动了学生的求知欲，主动地、自觉地加入问题的发现、探索之中，符合学生的自我建构的认知规律。

七、创设矛盾式情境，让学生"理"数学

由于学生知识、经验、能力及思维方式的差异，可能会对同一事物产生不同的见解。教学中利用矛盾的普遍性和特殊性原理，或抓住学生对同一事物从不同角度、不同层面认识理解的差异，挑起"矛盾"，引发争论，从而使学生产生强烈的探索动机，并且通过分析、判断、推理等过程获得对事物的全面正确的认识，培养学生的逻辑思维能力与辩证思维能力。

【案例十一】 直线和此抛物线相交

对习题：过抛物线 $y^2 = 2px$ 焦点的一条直线和此抛物线相交，两交点的纵坐标分别为 y_1 和 y_2，求证 $y_1 y_2 = -p^2$ 的教学时，可先引导学生用常规法、斜率关系、定义和平面几何知识等多种方法证明后，再对问题进行如下变式：

（1）若抛物线 $y^2 = 2px$ 焦点弦两端点为 A （x_1，y_1），B （x_2，y_2），则 x_1 $x_2 = $ _____。

（2）过抛物线 $y^2 = 2px$ 焦点且垂直于对称轴时的弦长为 _____。

（3）过抛物线 $y^2 = 2px$ 焦点且倾斜角为 θ 的直线交抛物线于 A、B，则 $|AB| = $ _____，$S_{\triangle ABC} = $ _____。

（4）若线段 AB 是抛物线 $y^2 = 2px$ 的焦点弦，求证：以 AB 为直径的圆必与准线相切。

评注： 实践表明，创设矛盾式问题情境，能激发学生主动地探究问题，还能有效地促进学生自我反思并引起必需的观念冲突，形成批判性思维习惯。

八、创设纠错情境，让学生"评"数学

课堂上教师可创设纠错情境，这样更利于学生对做的错误知识点的理解。还可以让学生评价习题，这可进一步加深对习题解题方法的掌握。

【案例十二】 函数的单调区间

求函数 $y = \log_2$ （$x^2 - 2x - 3$）的单调区间。

师：在学生学习了复合函数的单调性后，针对学生出现的问题，可引用学生的错题"示误"。

误解：这是由 $y = \log_2 t$ 和 $t = x^2 - 2x - 3$ 构成的复合函数。

设 $t = x^2 - 2x - 3$，则复合函数 $y = \log_2$ （$x^2 - 2x - 3$）$= \log_2 t$.

因为对数函数 $y = \log_2 t$ 在 （0，$+\infty$）上是增函数，而 $t = x^2 - 2x - 3$.

当 $x \in$ （$-\infty, 1$）时，是减函数；当 $x \in$ （1，$+\infty$）时，是增函数。

所以 （$-\infty, 1$）是复合函数的单调递减区间；（1，$+\infty$）是单调递增区间。

接下来让学生讨论并回答：

（1）这个结论正确吗？你能分析它出错的原因吗？

（2）在求复合函数的单调性时应注意哪几点？

评注： "错误是正确的先导"。学生在解题时，常常出现这样或者那样的错误，对此，教师应针对学生常犯的一些隐晦的错误，创设纠错的问题情境，引导学生分析研究错误的原因，寻找治"错"的良方，在知错中改错，在改错中防错，以弥补学生在知识上的缺陷和逻辑推理上的缺陷，提高解题的准确性，增强思维的严谨性。

九、创设实践情境，让学生"用"数学

教师创设现实生活中的真实情境，让学生将课本上的数学方法应用到生活中，这样就可以使理论联系实际，使数学变成看得见、摸得着的真实事件。

【案例十三】 药物疗效问题

师：某研究机构要对药物的疗效进行研究，假定这种药物对某种疾病的治愈率是0.8，现在患此病的10人同时服用此药，求其中至少有6人被治愈的概率。说明此概率的实际含义。

评注：知识源于实践，知识又指导实践。这就要求学生把所学的知识与现实生活紧密联系起来，达到学以致用的目的。教师在教授数学知识的同时，应为学生创造运用的机会，培养学生主动学习数学、灵活运用数学的意识，培养学生数学建模素养。

十、设置问题串情境，让学生"研"数学

人类认识事物的过程是一个由易到难、由简单到复杂、循序渐进的过程。在教学中，对于那些具有一定深度和难度的内容，学生往往一时难以理解、领悟，教师可以采用化整为零、化难为易的办法，把一些太大或太难的问题设计成一组有层次、有梯度的问题，以降低问题的难度。

【案例十四】 等差数列的前 n 项和

在"等差数列的前 n 项和"的教学中，教师可以创设如下情境：

泰姬陵坐落于印度古都阿格，是17世纪莫卧儿帝国皇帝沙杰罕为纪念其爱妃所建，它宏伟壮观，纯白大理石砌建而成的主体建筑叫人心醉神迷，成为世界七大奇迹之一。陵寝以宝石镶饰，图案之细致令人叫绝。传说陵寝中有一个三角形图案，以相同大小的圆宝石镶饰而成，共有100层（图略），奢靡程度，可见一斑。

问题1：你知道这个图案一共用了多少颗宝石吗？即计算 $1+2+3+\cdots$

+100.

问题2：三角形图案中，第1层到第99层一共有多少颗宝石？即计算$1+2+3+\cdots+99$.

问题3：三角形图案中，第1层到第n层一共有多少颗宝石？即计算$1+2+3+\cdots+n$.

问题4：如数列$\{a_n\}$是等差数列，如何求$a_1+a_2+\cdots+a_n=?$

因此，通过四个"阶梯式"的问题情境，层层设问，步步加难，把学生的思维一步一个台阶引向求知的高度。

【案例十五】 随机数的产生

师：在一个盒子中装有形状和大小完全一样，但分别标有0，1，2，3，4，5，6，7，8，9的十个球。

（1）从盒子中随机摸一个球，球上所标的数字是什么（体会随机数的概念）？

（2）从盒子中随机摸10次球，出现球上所标的数字为3的次数大约是多少？如果摸1000次，出现数字为3的次数大约是多少（复习古典概型，体会频率估计概率的意义）？

（3）如果通过试验的方法，要估计出现数字3的概率，你会怎样做？

评注：创设递进式问题情境要注意把握"度"，必须针对学生心理发展水平和数学知识的形成发展过程，并且要合理有序、由易到难、层层递进，把学生的思维逐步引向深入，培养学生数据分析素养。

十一、创设动态情境，让学生"演"数学

新课程标准倡导自主探索、动手实践、合作交流、阅读自学等学习数学的方式。数学实验还可以充分利用信息技术与数学课程的整合，用多媒体计算机等来进行数学的探究实验。利用多媒体创设动态情境，重视知识发生、发展过程，提高课堂教学效率。

传统教学存在的局限性就是不能动态展现事物之间的发展变化过程。而利用多媒体辅助数学教学能把教学时说不清道不明，只靠挂图或黑板作图又难讲解清楚的知识，通过形象生动的画面、声像同步的情境、悦耳动听的音乐等形式，将知识展现在学生面前。这种情境能有效地使学生领悟数学思想和数学方

法，启发学生更积极的思维活动，引导学生自己发现和探索，使学生的学习变得轻松愉快，激发求知欲望，充分调动学生的学习积极性，为学生的创新意识和探索精神的培养提供良好的环境。

【案例十六】椭圆的定义

在椭圆的教学中，不仅可以用教材介绍的实验，利用线和固定的两个钉子来画椭圆，还可以用几何画板来进行实验探究。

打开几何画板，作长为 $2a$ 的线段 AB，以 F_1 为圆心，AB 为半径作圆，并在该圆上任取一点为 P；以 F_1 为圆心，$2c$（$c<a$）为半径作圆，并在该圆上任取一点为 F_2，作线段 PF_2 的垂直平分线与直线 PF_1 相交于 M 点，追踪点 M。用鼠标拖动点 P 在大圆上慢慢移动，点 M 的轨迹——椭圆就出现了。

评注： 让学生自己亲自动手进行实验，体会图形中的几何关系，教师不断引导学生改变图形中的几何量，如改变图形中 $2a$ 及 $2c$ 的大小，点 F_1 和 F_2 的位置，引导学生经历观察发现、猜想验证，真正在"做数学"中理解数学。

【案例十七】数学变量间的相关关系与统计案例

在学习"数学变量间的相关关系与统计案例"的时候，学生在解决"已知班里 10 名学生的数学与物理成绩表，画出散点图，求出数学与物理成绩的回归直线方程。如果一名学生数学成绩为 96，预测他的物理成绩"这种试题时，需要画出散点图来分析两者之间是否有变量相关关系，若相关再利用回归方程进行求解。面对 20 名学生的成绩要在黑板上画出散点图肯定很困难，教师就可以利用多媒体来进行展示。在幻灯片中，教师画好题目中所涉及内容的散点图，然后利用多媒体技术画出每个散点图之间的连线，让学生根据连线的波动起伏来寻找规律，还可以运用动画的形式将连线向学生展示出来，让他们在观看幻灯片的同时找出是否有相关关系。这样不仅仅消除黑板加粉笔的教学模式的单一性，更让学生将数学试题与实际生活联系在了一起，让他们通过多媒体展示的试题，了解到自己的学习成绩的优劣，从而增加他们学好这个知识点的动力，激发他们的求知欲。

十二、创设数学历史文化情境，让学生"想"数学

人们普遍认为，数学文化的教育价值在促进人的素质提高方面的作用越来越大。为了充分发挥数学课程的文化传播功能，在教材的编写过程中，结合具体的教学内容，适时恰当地以古代的一些数学文化为讨论问题的背景，这样一方面为相应内容的学习提供了素材，另一方面还向学生展现了古代数学及其理念、思想、方法在人类文化发展中的重要作用和地位。

【案例十八】等可能性事件概率

在"等可能性事件概率"的教学中，教师可以先引入以下史情：

美国历史上至今已有 46 位总统，其中第 11 任总统波尔克和第 29 任总统哈定生日都是 11 月 2 日，还有亚当斯、杰斐逊、门罗三位总统都死于 7 月 4 日，这是一种历史的巧合，还是很正常的现象呢？

这样就可以引导学生从情境入手，步步深入，自然地展开本节课的教学。

【案例十九】变化率与导数（第一课时）

导数对于众多学生而言，是一个完全陌生的概念，有必要让学生先对导数的创立和产生的背景做初步了解，所以在教学过程中可以这样创设情境：

师：请同学们阅读引言部分的内容并思考以下两个问题。

（1）谁创立了导数？

（2）导数是在怎样的背景下产生的？

（问题的提出让学生产生了浓厚的兴趣，同学们纷纷开始详细地阅读并思考）

十三、创设开放性问题情境，让学生"探"数学

开放性问题是一种探索性问题，学生并不能完全依靠所学的知识或模仿教师传授的某种现成方法马上就能回答，而是要求学生善于从多方位、多角度分析问题，善于打破常规寻找新的解决问题的途径，使思维活动具有独创性。思起于疑，有疑始进。疑要有一定高度，激发学生积极主动地参与到学习活动

中，发现问题—提出问题—选择问题—解决问题，从而让学生亲身体验并感受学习探究的全过程，使学生形成积极探究态度，提高探究能力，获取教学知识并应用数学知识的能力。问题情境，可以促进学生在积极性的帮助下自主地、能动地实现数学学习再创造。

【案例二十】直线与平面垂直

已知 α、β 是两个不同的平面，m、n 是平面 α 及 β 之外的两条不同的直线，给出四个论断：①$m \perp n$，②$\alpha \perp \beta$，③$n \perp \beta$，④$m \perp \beta$。以其中三个论断作为条件，余下一个论断作为结论。条件和结论都不是固定的，是可变的。

评注： 解答该题需要学生去思考、分析、尝试、猜想、论证，具有很强的探索性。利用创设的开放性情境问题，培养学生全方面思考和解决问题的习惯，有利于学生自我积极主动地争取课堂教学的主动性和学生主体地位的实现。

总之，创设课堂教学情境是数学教学的重要环节，生动有趣的学习情境是学生学习动力的催化剂。在具体情境中学到数学知识，培养和发展了学生的实践能力和思维能力。但教学有法，教无定法，情境的创设"没有最好，只有更好"。我们要不断探索，不断创新，创设出更好的数学教学情境，激发学生的学习兴趣，让他们更积极、更主动地参与课堂教学，从学生的生活经验和已有的知识出发，创设更生动、更有趣的教学情境，从而提高数学课堂效率。

第三章

核心素养下的数学教学活动设计

2017 年版《课标》指出高中数学课程目标是获得进一步学习以及未来发展所必需的"四基"（基础知识、基本技能、基本思想、基本活动经验），提高"四能"（从数学角度发现和提出问题的能力、分析和解决问题的能力），增强创新意识和应用能力发展数学核心素养（数学抽象、逻辑推理、数学建模、直观想象、数学运算和数据分析），学会用数学眼光观察世界，用数学思维分析世界，用数学语言表达世界。

由此可见，新课标重视"四基"的教学，强调"四能"的培养，并希望把学生的能力培养提升到"三会"的高度，因而"四基""四能""三会"是理解课程标准的钥匙。事实上，数学活动原本就是课程标准提出的重要的教学方式之一，要让学生生成"四基"中的基本活动经验，数学活动是不可缺少的；而从核心素养的角度来看，"必备品格"不可能通过说教形成，只能是在一定的活动当中生成的；同时在数学活动中，培养"关键能力"，发展数学核心素养。

第一节　数学活动的含义

一、活动教育思想的起源

1. 我国活动教育思想的起源

我国活动教育思想的起源可以追溯到春秋战国时期的"知""行"及其关系问题的争论。如孔子的"听言观行"，荀子的"行高于知"，朱熹的"知先行后"，王守仁的"知行合一"，王夫之的"知行相资以为用"等知行统一观，反映到教育观上，如王守仁立足他的"知行合一"学说认为，为学求知，有多种途径，但总是离不开"行"，他常对学生说："夫问、思、辨、行，皆以为学，未有学而不行者也。"（《传习录中》卷二）他认为，学孝，"必服老奉养，躬行孝道"；学射，"必张弓挟矢，引满中的"，"尽天下之学，无有不行而可以言学者"（《传习录中》卷二）。这就说明了行的重要性。王守仁的教育思想对我们今天的活动教育具有相当大的启发意义。

王夫之则从他的"知行相资以为用"的知行统一观入手，提出了"教必著行"的教学论思想，即一切教学活动，最终必须落实在实践上，对于怎么落实在实践中，他还提出了一些相应的办法，如"学思相资"，即在学习过程中，学与思相互促进，相辅相成。这些观点对我们的活动教育有很大的积极意义。

由于历史发展条件的限制，上述观点必然存在思维的局限性，但他们为我们研究数学活动教学理论提供了丰富的素材。

陶行知的"教学做合一"和"生活教育"，陈鹤琴的"活教育"，均强调以孩子的活动为出发点，并关注孩子的兴趣。随着时代的进步，传统教育不断受到越来越多的指责，在这样的背景下，国家正式将活动课程纳入教育课程计划。对活动教学理论的研究在我国逐步增多，相应地对数学活动教学的研究也迈出了可喜的一步。

2. 西方早期活动教育思想的萌芽

知行关系在西方教育史上也有讨论，但西方早期活动教育思想滋生于反抗中世纪的精神束缚，追求人的个性解放的人文主义思潮中。

人文主义者以"人性"反对"神性"，提出人生而平等，提倡学术，主张以儿童身心和谐发展为教育宗旨，教学过程中注重儿童个性、人格和学习兴趣，反对纯书本教学和死记硬背，重视实物教学、参观和观察等方法，强调通过测量、绘图、游戏、旅行等活动进行学习，其主要代表人物有意大利的维多利诺、法国的拉伯雷和蒙田，他们的一些思想成为活动教学思想滋生的土壤。

其后，自然主义教育者卢梭主张：①以行求知，体验中学，凡是能从经验中学习的事物，都不要使他们从书本中去学；②他还强调教师的义务在于引导，不在灌输；③反对学生的被动学习，提倡主动精神。卢梭笔下的爱弥儿就是他思想的一个典型代表。

而裴斯泰洛齐和福禄培尔接受并发展了卢梭的自然教育主张，并付诸实践。裴斯泰洛齐开办实验学校，主张重视通过感官学习，强调利用"实物"教学，并主张"行"中求知。他指出，"知"和"行"有着紧密的联系，假如一个停止了，另一个也随之停止。福禄培尔主要强调生活教育、自然教育和活动教育，其中最有特色的是活动教育。他认为教育要以儿童的经验和活动为基础，儿童教育的基本任务是，通过儿童的自我活动、作业、游戏及各种创造性活动，认识自身和外界，从而促进儿童自身自由、协调、全面的发展。

以上所综述的每个人的教育思想必然会存在一定程度的差异，但也存在共同之处：①反对灌输，强调主动精神；②主张"行"；③注重对学生的学习兴趣的培养。这些思想都为数学活动教学思想奠定了基础。

二、活动教育思想的发展

1. 杜威的活动教育思想

杜威继卢梭、裴斯泰洛齐、福禄培尔之后，集西方活动教育思想之大成，提出了著名的"三中心"理论，即以儿童为中心，以活动为中心，以个人经验为中心，认为教育应该是在教师的引导下，学生通过活动去学习的过程。他的活动教育思想的全部内涵体现为"做中学"。

杜威认为，个体要获得真知，必须去运用、尝试和改造，必须去"做"，经验都是由"做"得来的。因此，学校教育要重视"做中学"。在他看来，知识与活动是不可分离的，所以在他的芝加哥实验学校中，他非常重视观察、作业等活动的设计和实施。他还认为，教师作为指导者，还要创设学习环境和富有意义的活动，使儿童最大限度地主动去获得观念等。为将他的"做中学"思想落到实处，他提出了著名的"五步教学法"：①给学生提供一个真实的活动情景；②在这个情景中产生一个待解决的问题；③为解决问题，提出假设，收集资料，进行观察，以便于解决问题；④对假设进行逻辑推理；⑤验证假设。

杜威活动教育思想提出的基础是经验主义和实用主义，但经验主义过分推崇经验的作用，实用主义只讲行动的结果和价值，不讲真理的客观性，所以杜威的活动教育思想也有很大缺陷，但他对我们开展活动教学与素质教育研究还是具有很大的启发意义。

2. 皮亚杰的发生认识论思想

皮亚杰依据他的发生心理学理论，结合结构主义和建构主义方法，从生物性根源上对儿童认识和智力建构的原因和机制进行了系统的研究。他认为，儿童智力发展的根本原因和机制是活动，认知不单独源于主体，也不单独源于客体，只能源于二者相互作用的活动中。由此，我们可以看出皮亚杰倾向于通过组织儿童从事各种活动来发展他们的认知结构。

与裴斯泰洛齐的生产劳动、福禄培尔的手工劳动所不同的是，皮亚杰认为儿童认知结构的发展，是以自身的活动为中介主动建构的，是依靠同化和顺应来达到内化和外化的平行发展。这改变了以往把教学看作是信息的单向传输，学生被动地接受知识的看法。我们可以把皮亚杰的观点总结为以下几点：①儿童认知结构的发展依赖于活动；②强调儿童主动建构；③教育要依据儿童的认知发展阶段来组织；④注重儿童之间的相互影响；⑤改变教师的专制地位。皮亚杰的观点为活动教育奠定了较为科学的理论基础。

3. 弗赖登塔尔的数学化思想

弗赖登塔尔是荷兰著名的数学家和数学教育家，对于数学教育，弗赖登塔尔有着独到的见解。他的教育思想主要集中于两个方面："数学现实"和"数学化"。他认为：①数学教育应该是现实数学的教育，即教学应该从学生熟悉的生活情景问题出发；②数学教育必须面向全体学生；③数学学习的过程，就是

"数学化"的过程，它包含两个方面，即水平数学化和垂直数学化，水平数学化是指把生活情景问题转化为数学问题的过程，垂直数学化是指建立数学问题与数学形式系统之间关系的过程，即将问题抽象处理的过程。弗赖登塔尔的数学教育思想为我们研究数学活动的教学提供了独特的视角。

从活动教育的萌芽与发展的历史来看，我们可以达成以下几点共识：

（1）历史上所形成的各种活动教育的观点存在一定程度的差异，其中有合理之处，当然，也存在着不合理之处。例如，福禄培尔的生活教育、活动教育思想确实为我们今天的活动教学提供了素材，但他一开始就用一种形式——手工劳动代替与儿童真正需要相联系的具体探索，这是他的不合理之处，而杜威的教学理论对传统教育的批判走向了极端，导致了美国基础教育的降低。因此，对于历史中所形成的活动教育思想，我们要"去其糟粕，取其精华"。

（2）活动教育思想是传统教育思想的对立面。活动教育思想是对传统教育思想不断反思的产物，它反对传统教育中的"知识本位""教师中心"，反对灌输式教学，反对把学生看作知识的容器（学生只是被动地接受知识），忽略学生的兴趣，它主张学生在主动活动中进行学习，尊重学生，重视学生的兴趣和经验，提倡儿童通过自主活动获得身心和谐发展。

（3）历史上对活动的研究还很不系统，不能形成一个体系，特别是结合数学这门具体学科的研究几乎没有，这为我们今后的研究增加了难度，也提供了研究的可能。因此，立足于当前，结合我们的素质教育的现实需要，结合数学这门具体学科对数学活动教育进行深入研究，以培养出具有生命潜能和创新精神的合格人才，是我们目前所要做的。

三、活动的内涵

根据百度百科的解释，"活动"是由共同目的联合起来并完成一定社会职能的动作的总和。活动由目的、动机和动作构成，具有完整的结构系统。在这个解释中，有如下的一些关键词：目的、动作、动机。目的与动机，也就是说，活动主体在参与活动时，是带着明确的目标、目的而来的。这样的目标，是活动的最终走向，是大脑思维加工的结果。也就是说，活动主体应成为整个活动本身的一部分。同时，也体现在活动主体在活动后反思、总结活动的全过程，反思得失、感悟收获，积累活动经验，不断提升自己。

笔者对活动内涵的理解可以概括为以下几个方面：

（1）活动不仅仅指外部的、实践的操作活动，还指活动主体在情感调控下的内部智力活动，而且强调这两种活动的相互作用。

（2）活动强调活动主体主动探索、变革、改造客体。

（3）活动的目的是实现活动主体的综合能力的发展。

四、数学活动的内涵

"数学活动"，简单来说，就是"数学的活动"，是"做数学的活动"。一方面，教学活动是一种具有特殊的活动目标的活动。活动的目的是学习数学、积累数学活动经验，培养与提升数学素养。另一方面，活动的内容是做数学，是从事做数学的活动，以数学的方式操作、观察、思考、表达等。也就是说，在进行数学活动时，要带着数学的眼光、思维与语言，围绕数学来进行。

数学活动不仅要关注活动结果，同时要关注活动的过程，关注学生做数学活动的形式与方法，让学生去经历、去体验、去猜测、去验证、去交流讨论等。因此，问题解决之后，积极主动地对问题解决的整个过程进行反思总结，是非常有必要的，也是非常重要的。

由此可见，数学活动指的是数学的活动，需要学生在活动的过程中学会用数学的眼光观察现实世界，会用数学的思维思考现实世界，会用数学的语言表达现实世界。因此，数学活动应该是也必须是数学的活动。

笔者认为，学生的数学活动就是在教师的指导下，以培养学生的数学素养为目的，围绕数学教学目标或教学任务，在情感活动的调控下，借助于各种操作工具、运用各种形式开展的以学生为主体的活动，这种活动是外部活动、内部思维活动和情感活动的集合体，而且本质上更强调内部思维的活动。

笔者的观点，数学活动是核心素养培养的催化剂。在核心素养提出之前，数学活动就已经被提出，而在核心素养的视角下，数学活动显然应当具有更为丰富的内涵。因此，基于核心素养来优化数学活动，就是一线教师必须关注的话题。

总之，在数学教学中，利用学生容易入境的数学活动可以让学生很好地建构数学知识，也可以让学生更好地形成数学学科核心素养。故而在实际教学中，数学活动应当成为教师关注的重要的思路之一。

五、在数学教学中开展数学活动的价值

1. 数学活动是个体获得数学活动经验的载体

数学活动经验与数学活动有怎样的关系呢？这就要从经验与活动的关系谈起。"经验"是杜威整个思想体系的核心，杜威认为，"经验"是人与环境之间的相互作用。"做事的能力可能是知识最基本的意义"。从杜威的思想中可以看出两点：①经验与活动不可分离；②知与行是直接统一的，也因此提倡"做中学"，因此，经验与活动是紧密相连的。经验在活动中产生，又在活动中体现，同样的，数学活动经验也产生于数学活动中，数学学习是在学生主动地从事观察、实验、猜测、验证、推理与交流等数学活动中进行的，数学活动经验就产生于数学学习中，是对观察、实验、猜测、验证、推理与交流等数学活动的初步认识，是数学活动方式方法等在头脑中的反映。

如在学习"圆"的概念时，教师引导学生将一张纸对折，对折无数次后，原来的一张平整的白纸就变形成了一个扇形的模样，然后将扇形的底端多余部分剪掉，指导学生在剪掉时，将折叠的每一层纸都剪到，最后将余下的部分展开，一个近似于圆形的纸片被呈现出来。教师指导学生亲自实践这一过程，学生在这一过程中就获得了操作的经验，并且学生的学习热情会越来越高，他们会进而思考，为什么经过这种操作，就能获得这么美丽的图形？通过观察图形，学生会看到这些折痕被剪掉之后，它们的长度都相等，并且所有折痕都汇聚于同一点，从而他们更深刻地认识到：圆有哪些特征？为什么在操作的过程中要剪掉多余的扇形部分？为什么从第三次对折开始，每一次对折都要经过前面折痕的交点？通过反思，学生又获得了思考的经验和观察的经验，相信学生在活动中所获得的不止于此，他们对于圆的理解一定会更加透彻。因此，数学活动是学生获得数学活动经验的载体。《课标》指出"应向学生提供从事数学活动的机会，帮助他们……获得广泛的数学活动经验"，所以数学教师在数学教学中需要思考的是，给学生提供一个什么样的数学活动，能够使得学生获得更多的数学活动经验。

2. 数学活动是学生获取数学过程性知识的通道

研究表明，数学活动中所产生的过程性知识比结果知识更有利于学生数学素质的充分发展，以前数学活动中所产生的领悟和体验对以后的数学学习活动

会产生很大的影响。

结果性知识是结构化、系统化的知识，其叙述方式从一般到特殊，从抽象到具体，对于这类知识的学习我们一般采取有意义的言语接受的方式，当然也不排除发现式学习。过程性知识有别于事实性知识，它的系统性较低。比如，数学的精神、数学的思维方法、数学的研究方法、数学的推理方法、数学的思想方法等，它需要学生在自主参与中去体验、领悟、反思和升华，所以这类知识的学习必须与学生的数学活动相结合，通过学生在数学活动中的主动参与、体验、思维探究来获得。因此，数学教师在教学中，一定要把握数学活动的特征，将上课的注意力集中于学生的过程性知识的获取，这是提高学生学习效果，实现主体发展的重要方法。

3. 数学活动是个体获得数学素养的主要途径

数学素质包含知识观念、创造能力、思维品质、科学语言四个层面的内涵。它是通过环境影响和教育训练获得的，作为后天习得的产物，数学素质的培养与数学活动密不可分。以下将从四个方面进行分析。

（1）从数学活动与学生发展的关系来看，数学活动教学的基本指导思想就是"以数学活动促进学生的发展"，可见，学生的发展必须通过活动获得。

（2）从数学活动的教学方式来看，数学活动的教学倡导学生主动学习，主动探索发现人类长期积累起来的数学知识、数学思维方法等，提倡学生在合作交流中对自身的认知结构进行突破或创新，在此过程中往往伴随着学生强烈的情绪体验和克服困难的意志力。

（3）"内容和学习活动一直是作为一个整体存在"。从数学活动的教学内容来看，数学活动的教学强调学生程序性知识的获得。学生在数学活动中获得的程序性知识是培养学生创造性地解决问题、培养学生的数学能力不可或缺的知识。

（4）从数学活动的价值取向上来看，数学活动的教学强调学生数学能力和数学素质的培养，这就为数学活动的实施提供了向导。

通过上面的阐述，我们可以看到，数学活动可以促进学生的发展，培养学生的主动探索精神、合作能力、创造能力、科学的头脑等，学生在数学活动中获得的过程性知识为学生的发展奠定了基础，而这些都是数学素养的重要组成部分。因此，数学活动是学生获得数学素养的重要途径，这是由数学活动的基本目的和实践特点决定的。

4. 数学活动为学生的理解提供了催化剂

学好数学的比较好的一个方法，就是能够使学生对所学习的内容进行很好的理解，这一点绝大多数的人都很赞同。而在传统数学学习中，课堂上忽视学生的特点、忽视学生的心理发展规律、死记硬背、满堂灌的现象到处可见，从而导致我们的教育受挫。因此，我们的教学需要一种能够从学生的角度出发，促进学生理解的教学方式。心理学研究表明，中学生的心理活动水平处于具体运算和经验型的形式运算阶段。因此，这个阶段更适宜采用较直观的方式表述数学内容，而数学活动的教学就能很好地适应学生的思维发展的阶段。通过数学活动，学生往往能够很快地对相关知识进行理解和掌握。比如，利用一根细绳、一个粉笔头和一个图钉，在黑板上画出一个椭圆的活动，不仅可以加深学生对椭圆的概念的理解，而且可以深化对于椭圆的画图技能的理解和掌握。再比如，在学习"对称"的概念时，教师往往借助于图形（如正方形、长方形、平行四边形、圆等）或数轴等，而这样教学的效果往往导致学生对"对称"概念的肤浅理解，如对称是几何元素在位置上的一种性质。其实，教师可以给学生提供一个数学活动，以加深他们对此概念的理解。

例如，桌面上放置着一串面值向上的硬币，将它们摆成一个圆圈，甲乙两人轮流翻动它们（翻过的不得再翻），规定每人每次可翻动其中一枚或相邻两枚（相邻即指两硬币之间既无未翻动过的硬币，也无翻动过的硬币），翻转最后一枚为胜，甲是否有必胜的策略？

本活动中硬币被放置成一个圆圈，放置的数量是未知的，数量的奇偶性也未知，要使甲乙二人中甲必胜，则可以引导学生利用"对称性"这一方法。可以分两步：

（1）当乙先翻动圆圈中的一枚或两枚，则甲从圆圈中与乙翻动后的位置相对的位置翻动一枚或两枚，使得剩下的硬币被两个翻动后的位置分成数目相同的两个群体。

（2）以后，无论乙从哪个群体中翻动硬币，无论翻动的个数是几个，甲总是从乙相对的群中相对的位置中翻动相等数量的硬币，则甲必胜。

学生通过此活动就会更深刻地理解对称这个概念，他们认识到对称不仅是描述几何位置的一种特性，它还可以体现在数量上；对称不仅是静止的，还可以是动态的；它不仅是一种现象，还可以是一种方法，对称实质上是元素间的一种平衡。这种对对称概念的稳定理解，将深深地扎根于学生的脑海中，完善了学生的认知结构。

六、有效的数学活动的基本特征

1. 主体性

苏联活动学派在广泛研究的基础上证明，教学认识不是对外部事物的"纯粹描述"，而是一种主动探索和变革的活动，教学必须强调学生对文化材料的主动变革，持此观点的还有杜威、皮亚杰等人。因此，教师在数学活动中应该培养学生的主体意识，使学生具有明确的活动目的和自觉活动的态度。通过教师的引导，学生主动地支配和调控自己的活动，从而发挥自身的学习潜能，发展和完善自身。

2. 参与性

有效的数学活动都是在学生意识调节控制下开展的。任何一种活动，都是适合于主体的一定需要，具有一定的动机，由一定的目的动作而构成，说明学生学习的动机、情感等个体意识对学生的数学学习有着很重要的影响，而学生数学活动的动机来源的很重要的一个方面就是对数学活动的心理需要。因此，数学教师应分析学生已有的知识经验，提供一个能够引起学生关注、使学生感觉到有必要进行的数学活动，从而调动他们的思想、情感等个体意识，使他们充分地参与进来。

例如，在教学"等比数列"这一课时的时候，一开始，教师可以让学生拿出一张普通的白纸，一次次对折，直到不能再对折为止，观察对折后的高度。然后再让学生想象，若将这张纸对折 40 次，最后有多高？接下来，教师提醒：有人说，他的高度相当于地球到月球的距离，你相信吗？

学生怎么也不会想到折叠后的纸张能够达到那么高的高度。这是一个成功的引入，学生有了求知的需要，他们带着疑问、好奇，必定会积极地参与到这节课的探究活动中来。

3. 发展性

数学新课改中提倡学生学习数学的目的是提高学生的数学素养，所以教师设计数学活动，不是立足于传统的数学知识，而是立足有利于发展学生的数学思维，培养他们的能力，提高他们的数学素养。学生经历数学活动每一个过程之后，不仅获得本节课要学的结果性知识，还要获得传统教学中我们所忽略的过程性知识，能够积累一定的数学活动经验，为新的数学学习服务。这就要求数学活动操作难度不要过高，而是达到数学所必需的基本要求。教师在进行数学活动前，要综合考虑多种因素，并要分析两种水平：一个是数学活动的操作水平，另一个是学生的身体和心理发展水平。我们不可能要求一年级的学生像数学家那样进行数学活动，我们要针对数学教学目的设计数学活动，其设计水平要适当走在学生思维水平的前面，其原则可以用维果斯基的"最近发展区"进行衡量。

4. 开放性

保证学生在数学活动中能够自主进行的一个非常重要的条件就是活动的开放性。它主要体现在四个方面：第一，师生关系的开放。教师作为引导者、领路人，可以是意见倾听者，也可以是长辈、导师或朋友等。第二，数学活动过程的开放。活动进行的过程应是动态的，学生的课堂表现和课堂需求应成为调整课堂活动进程的基本依据。第三，数学活动结果的开放性。在教学过程中，可以依据活动目的和需要的不同，一切根据活动的需要而定。第四，对学生评价的开放性。新课改中为了培养创新型人才，强调对学生评价的多元化，这就要求教师改变传统评价方式，在组织学生进行数学活动时采用开放的评价方式，不但要关注学生在进行数学活动后的结果，更要关注学生在数学活动过程中的体验，对数学活动的理解，数学活动的能力，所获得的数学活动经验等。总之，只要学生的理解合理，教师都应给予鼓励。

5. 数学性

数学活动与我们所指的一般的活动不同，数学活动的教学实质就是再现数学知识体系的发现和形成过程、数学思想方法的运用过程，它是数学知识之间沟通的桥梁，各种数学语言的转换就在数学活动中完成。所以教学中，数学教师必须认识到数学活动的开展是建立在运用数学工具、数学思维方式、数学方法或改造数学内容的基础上的，是一个解决数学任务的过程，是一个富有数学意义的活动。因此，开展数学活动时，教师要使学生通过运用数学语言、图标、符号、文字及数学的思想、方法、策略对数学内容（数学知识与技能、数学思想、数学方法等）或现象进行观察，归纳验证数学模式，思考和解决数学问题，进行数学条理化等活动，当然，在这些活动进行的过程中也伴随着数学情感的产生和运用。总之，学生所进行的数学活动是带有数学特征的活动。但在数学教学中，存在不少教师为活动而活动的现象。下面看一则故事：

一位数学家问他刚放学的小女儿："今天学到了什么？"女儿："今天我们学习了'集合'"。父亲觉得"集合"这个概念对于他的小女儿来说非常抽象，不免有些担心女儿学不会，就问："你懂了没有？"

女儿："懂了，一点都不难！"

父亲有点怀疑，这么抽象的概念女儿竟然学懂了，就追问道："你们的老师是怎么教你的？"

女儿："老师先让班上的女孩站起来，然后说这是女孩子的集合；然后，又让男孩子站起来，然后说这是男孩子的集合；接着，他又让班上所有的白人站起来，说这是白人孩子的集合；最后，让黑人孩子站起来，说这是黑人孩子的集合等，这样我们就懂了。"

父亲没说什么，他想对女儿做最后的检验："我们是否可以以世界上所有的土豆组成一个集合呢？"

女儿："不行，因为他们站不起来。"

这则"有趣"的故事中，数学老师根据教学内容，结合学生的特点，努力进行数学活动的设计，并积极组织学生参与其中，使学生感到新奇而有趣，但这表面看来设计得很贴切的活动的实施却失败了。当然，失败的原因很多，但是其中一个很重要的原因就是数学教师所设计的活动情景缺乏数学性，缺乏将具体情景转化为数学模型的数学化的过程，所以导致了学生对集合概念的错误理解。因此，数学性是数学教师在教学活动中必须考虑的因素。

6. 指导性

我们在前面已经指出数学活动的教学应定位于学生的自主发展，强调学生的主体地位，但这并没有否定教师在活动中的指导地位，也没有否定教师在教学中应承担的义务。数学教学活动应是学生经历"数学化""再创造"的活动过程，但这种"再创造"不是让学生重新像数学家那样，重复他们发现数学、创造数学的过程，这里的"再"说明了学生所进行的"再创造"活动是在教师的指导下进行的，是有约束条件的创造，不能片面夸大学生的自主性和能力，使学生处于放任自流的状态。

在数学活动中，教师的指导作用主要体现在：①活动一开始对问题情境的创设、目标的指引；②引导学生发现问题，寻找解决问题的方法；③指导学生尝试性地完成解决问题的过程；④引导学生反思活动过程，进行总结和评价。总之，为确保数学活动教学的顺利进行，并达到实际效果，教师应给予学生原则性的指导。

7. 富足感

有效的数学教学不仅关注学习结果，而且更加重视学习过程。数学教师认真设定教学目标、设计数学活动，注重教学环节的设计，并对学生能够高度参与数学活动提供最大限度的帮助，使得学生获得最大限度的发展，最终使他们获得一种进行活动之后的满足感和充实感。

上述的有效的数学活动特征的几个方面是互相联系在一起的，如数学活动的开放性特征保证了数学活动进行过程中学生主体性的实现，学生在数学活动中通过有意识的积极参与，是教师对数学活动的指导有效的前提条件，而数学活动的有效进行又保证了学生在进行了数学活动之后获得富足感。因此，数学教师不可孤立地看待它们，缺一不可。

第二节　数学活动的基本要素

优质的数学课堂教学，需要好的教学情境为课堂造势，同时，也需要好的教学活动为课堂造力。在课堂上落实教学核心素养，需要谋划好数学课堂教学活动。这就要求，数学活动应能促进学生主动参与数学思考，应能提升学生教学学习的兴趣，应能培养学生良好的数学学习习惯，应能帮助学生掌握适合于自身数学学习的方法，应能帮助学生形成良好的数学态度……与此同时，《标准》还指出："学生应当有足够的时间和空间经历观察、实验、猜测、计算、推理、验证等活动过程。"这表明数学活动的主体是学生，学生参与活动的方式方法多样而灵活，应为他们提供自由活动的空间和时间。

那么，好的数学活动的基本要素有哪些呢？

一、目标

目标一般有两个含义：一是指射击、攻击或寻求的对象，二是指想要达到的境地或标准。对于数学活动来说，活动目标的含义更多是指第二种，即活动最终能解决问题及问题解决的质量。一般情况下，数学活动目标是在课程标准的指导下，由教师根据课程标准的要求，综合教学任务、学生的具体情况及教学环境等诸多因素来确定的。简单地说，活动目标是由课堂具体的教学目标确定的。每一个课堂活动，都承载着相应的具体的课堂教学目标。因此，目标的确定，决定课堂活动设计、组织与实施的方向与质量。

与课堂教学目标设计相类似，数学活动目标的设计，应基于课堂教学目标的要求，围绕达成课堂教学目标而展开。因此，在进行课堂活动目标的设计时，要在课程标准的统领下，对课堂教学目标进一步具体化分解，以保证当所相关的课堂活动实施结束后，能达到或超过预设的课堂教学目标。

与此同时，与课堂教学目标类似，数学活动目标也包含显性目标和隐性目标。显性目标一般是指知识与技能目标、过程与方法目标，对应数学核心素养中的数学知识与数学能力两个方面，它是可通过具体的问题解决来检测的。隐性目标一般隐藏在活动的过程中，并通过学生在活动中的具体行为表现而显现出来，可根据学生的具体行为表现及表现的水平来作出相应的水平评价，对应数学核心素养中的数学思考、数学思想与数学态度这三个方面。因此，活动目标的设计，是促进数学核心素养在数学课堂教学中得以落地的重要因素。

另外，组织学生进行数学活动时，不仅要关注活动的结果，也要关注活动的过程，只有当数学活动的过程得到真正落实时，活动的预期目标才会如期而至。数学活动需要学生的真正参与，需要学生亲身经历知识的发生发展过程，探索问题的解决思路，并体验数学知识的意义。因此，与课堂教学目标类似，数学活动目标也包含过程性目标与结果性目标。过程性目标是指活动过程中，每一个活动环节所应达到的阶段性目标。而结果性目标是指整个活动结束后所应达到的活动目标。当然，具体教学活动的过程性目标与课堂教学中的过程性目标又有差异。课堂教学的过程性目标，更多是以经历、体验、探索等表示过程性学习的词来进行描述，而数学活动的过程性目标，更多是指在数学活动过程中，当活动进行到某一程度或某一阶段时所能达到的阶段性目标，更多的是以实验、猜想、推理、验证、表述等词来进行描述。并且，一个数学活动往往由一系列相关的具体的教学子活动组成，每一个子活动都包含具体的、可以检测的目标。教师在课堂上的组织者、引导者与合作者的作用的具体表现，是让学生达成数学活动中每一个子活动的目标，进而促进整个活动按预定目标进行，促进课堂整体教学目标的达成。

总的来说，课堂活动目标与课堂整体教学目标之间的关系，和课时目标与单元目标、单元目标与学期目标等之间的关系是相似的。同时，它们又都为实现数学核心素养在促进学生全面发展中得以落地而服务。

二、体验

数学活动应该也必须是在教师的组织与指导下，由学生自身进行的数学活动。让学生亲身经历数学活动的每一个过程，品尝活动过程中的各种"味道"，也就成为组织数学活动的价值取向。

体验，其价值不仅在于获得知识或技能，更重要的是获得研究数学问题的方法与经验，以及运用这种方法和经验观察现实世界、思考现实世界、表达现实世界，让学生感受数学产生的应然和必然，感受数学文化的价值，培育理性思维品质。

体验，意味着学生必须要参与。学生的主动参与是数学体验的标志。这种参与，不仅表现在观察与操作实验上，还表现在运算、猜想、验证、推理上，更重要的是表现在数学思考上。由此可知，学生体验的具体表现为做一做、算一算、想一想、说一说、写一写。

如在教学"等腰三角形的对称性"一课时，让学生通过折纸、剪纸活动，折、剪出一个等腰三角形的纸片，并在此基础上体会等腰三角形的对称性，以及等腰三角形"三线合一"的含义。教师直接操作，然后学生模仿折、剪，最后教师直接告诉学生等腰三角形是轴对称图形，而且对称轴为折痕所在的直线，进而得到等腰三角形的"三线合一"，这虽然也是一种数学活动，但在这样的数学活动中，学生只是机械地模仿与听讲，没有自己独立思考的过程，没有自己尝试的折与剪的体验，没有经历想一想，折一折，再想一想，后再折一折、想一想等过程。

这种模仿性体验，对提升学生的数学素养来说，价值不大。但如果我们只给出活动的任务，即想方设法从一个一般三角形的纸片中，通过剪一次的操作剪出一个等腰三角形的纸片来，然后鼓励学生大胆尝试，给学生充足的操作时间，哪怕学生最终剪不出一个标准的等腰三角形纸片，这个活动的教育价值也较之前的简单模仿要好。况且，当学生的思维与操作走入困境时，如果老师再给予适当的指导、启发，那么此时的引导对学生来说，将犹如夜空中的一盏明灯，会让学生的思路豁然开朗。有的学生此时可能通过折出原三角形的一条"高"来，再剪出一个等腰三角形纸片；也有的学生可能通过折出原三角形的一条角平分线，再剪出一个等腰三角形纸片；还有的学生可能通过折出原三角形一边上的中线，再剪出一个等腰三角形纸片……这样，学生在经过一定的"苦旅"之后，终于剪出一个标准的等腰三角形纸片，那么他们将对等腰三角形的轴对称性有着深刻的感悟与理解，对等腰三角形中对称轴的位置与作用的认识也更为深刻。

因此，体验活动不是指机械的模仿性运动。体验体现在思维的指导下，在不断地纠错与纠正的过程中，学生积极主动地进行思维上的参与。体验对数学课堂活动的影响巨大，让学生切身体验活动的全过程是实施数学活动的关键。可课堂教学的时间是有限的，我们需要在有限的时间内完成预定的课堂教学任务，这表明课堂又是追求效率的。为此，教师应加强对活动的指导，有效降低数学活动的外在认知负荷，提高活动的效率，进而提高课堂教学效率。

三、指导

数学活动中的"指导"，是指引导作用，是一种活动的规则或活动的指引，是学生进行活动所遵循的"步骤"。如在进行"画出函数 $y = |3x - 1|$ 的图像"这一活动时，教师可以边画图示范边讲解，学生模仿教师的操作，根据教师讲解的程序或画图像的步骤进行画图；教师也可以给出画函数图像的步骤，让学生按步骤一步步地画出函数的图像。在这个活动中，教师的讲解示范或所给出的画图像的步骤，发挥的就是一种"向导"的作用，引导学生按画图像的规则画出该函数的图像。

数学活动中的"指导"，更多的应是如《标准》所强调的"教师应成为学生学习活动的组织者、引导者、合作者"的作用。为此，《标准》进一步对教师在课堂教学中的这三种角色给出了如下的定位。

"教师的组织"作用主要体现在两个方面：第一，教师应当准确把握教学内容的教学实质和学生的实际情况，确定合理的教学目标，设计一个好的教学方案；第二，在教学活动中，教师要选择适当的教学方式，因势利导，适时调控，努力营造师生互动、生生互动、生动活泼的课堂氛围，形成有效的学习活动。这里强调的是教师在设计与组织数学活动时，应设计好的活动内容与组织活动方式，以降低活动引发的外在认知负荷及内在认知负荷。

"教师的引导"作用主要体现在：通过恰当的问题，或者准确、清晰、富有启发性的讲授，引导学生积极思考、求知求真，激发学生的好奇心；通过恰当的归纳和示范，使学生理解知识、掌握技能、积累经验、感悟思想；能关注学生的差异，用不同层次的问题或教学手段，引导每一个学生都能积极参与学习活动，提高教学活动的针对性和有效性。这里强调的是教师在组织数学活动的过程中要启迪学生联系已有的认知经验与活动经验，运用"同化"与"顺应"建立新的认知结构，促进学生对数学的理解，增加活动引发的关联认知负荷与元认知负荷。

"教师与学生的合作"主要体现在：教师以平等、尊重的态度鼓励学生积极参与教学活动，启发学生共同探索，与学生一起感受成功和挫折，分享发现和成果。这是强调教师在数学活动中，给学生营造一个安全、平等、自由、紧中有松的活动环境，与学生一起，让学生感受到老师如朋友一般，想他们所想，感受他们所感受，享受他们所享受，同甘共苦，共同成长，共同进步。

可见，数学活动中教师的引导作用，与导航中的向导作用有一定的相似之处，但较导航中的向导作用赋予了更多、更丰富的内涵与责任。

"有效的数学教学活动是教师教与学生学的统一"。数学活动是课堂教学的核心部分，需要教师在活动过程中发挥积极的"指导"作用，具体表现在组织、引导、合作三个方面。

在数学活动中，教师的"组织"作用主要体现在：根据课堂教学目标、活动目标设计好数学活动的内容，以及开展数学活动的流程；根据课堂活动的开展情况，对学生的数学活动过程进行调节，促进活动朝着目标方向发展。前者指向的是教师对数学活动的课前预设，它需要回应的是"组织什么样的活动""为什么要组织这样的活动"，以及"如何组织活动"等问题，这与课堂教学设计中预设"教什么"及"怎么教"相呼应。后者指向的是数学活动的课堂生成，它需要回应的是"活动偏离了预设该怎么办"等问题。前者有利于保证活动的效果；后者有利于提升活动的效益。两者形成合力，才能促进数学活动的有效开展，提升数学活动在培养学生数学素养中的作用。

教师在数学活动中的"引导"作用主要体现在：通过问题驱动来激发兴趣，引发数学思考，促进活动步步递进、层层深入。通过适当的示范或问题启发，帮助学生顺利开展活动，引发学生从活动中发现问题；通过适当的问题，激发学生对操作实验进行数学思考，引发学生从活动中提出问题；通过适当的问题，激发学生对问题进行分析思考，引发学生获得解决问题的方法；通过适当的问题，激发学生对活动进行反思，形成数学基本活动经验，发展研究数学问题的能力。可以发现，教师在数学活动中的"引导"是以问题为载体，以问题为驱动，以培养学生用数学的视角观察、用数学的思维思考、用数学的形式表达为目标，层层递进，共为一体。

教师在数学活动中的"合作"作用主要体现在：营造一种安全、自由的活动环境；适度参与学生的数学活动，与学生共同探索；与学生共同分享探索成果，鼓励学生反思探索失败的原因。合作，要求教师成为学生进行数学活动的伙伴，有始有终地参与到整个活动中去。与此同时，教师又不能把自己完全当成学生，在活动中"抢了学生的风头"，而是要把学生推到活动的前台，把自己隐身于幕后，在后面发挥"煽风点火"的作用。当需要时，教师及时出现，给予适当的指导，激励学生不断探索。

四、收获

正如前面所述，任何一个完整的数学活动，都是由若干个子活动、若干个活动步骤所构成的。每一个子活动目标的实现、每一个活动步骤的顺利实施，都在一步步地接近活动的最终目标。因此，数学活动的收获，学生数学素养的提升，不仅来自经过数学活动后获得的预期结果，也来自活动过程的本身，它隐藏于活动的过程中，在整个活动的每一个环节都有体现。因此，我们在组织数学活动时，除了创设合适的活动情境，设计适度的活动总目标外，还需要对学生在活动过程中所取得的进步给予及时的激励性评价，让学生感受活动过程的每一个成功与收获，体验活动的幸福感，以符合孩子的天性，促进活动总目标的有效实现。

如组织"探索三角形的内角和"这个活动，当看到有学生进行"折叠"操作，欲将三个内角折到一起时，教师及时给出如下的评价："不错，通过折叠，将分散的角拼到一起，似乎可以得到平角了。"当看到有学生将三角形的三个内角剪下来，并尝试拼成平角时，及时鼓励："将三个内角剪下来并进行拼接，也可以达到将分散的角拼到一起的目的，一样妙。"当看到有学生在量出三个内角的度数，并进行计算时，教师也给出评价："度量、计算也是一种常用的探索数学问题的方法，也能检验结论。"……这样，不同的学生在操作活动过程中，都能得到教师及时的具体的评价，都能感受到参与数学活动的快乐。这正是教师在数学活动中所需要发挥的引导作用，也即数学活动的价值所在。

第三节　数学活动的设计要求

一、让学生学会用数学的视角观察

在数学教学中，观察、描述、画图、操作、猜想、实验、收集整理数据、思考、推理、交流和应用都属于数学活动。这里的观察不是指简单地用眼睛去看，不是指无意识的、无目的的注意，而是包含着积极的、主动的思维活动，是指带着数学的眼光（这里的"眼光"更多是指数学思维及数学经验）去感知、去发现，是有目的、有计划、有方向、有意识的知觉，是去发现现实生活中事物及事物间关系的共性、特性。

例如，在学习全等三角形的定义时，将两个不同颜色的全等三角形纸片叠合在一起，一般的观察是感知这两个三角形能重合在一起了，这是两个不同颜色的三角形，却再也得不到其他特性。而用数学的视角观察，则感知的是这两个三角形的关系，包括数量关系及位置关系，不仅直观地感知这两个三角形能完全重合，而且还能用"全等图形"的思维去感知这两个三角形各量之间的关系，即构成三角形的要素（边、角等）及相关要素（高线、角平分线、中线）之间的数量关系以及要素（点）之间的位置关系。这是因为，当运用数学的眼光去看一个图形时，自然地会保留构成图形的本质属性（点、线、面），而去掉其非本质属性（颜色等），自然地会从数量关系及位置关系去感知图形。

进一步观察，还会发现，当这两个三角形的边与边能完全重合，角与角也能完全重合，边与边对应相等，角与角也对应相等时，这两个三角形也就能完全重合，即它们就会全等，进而得到了运用数量关系来描述全等三角形的定义：三边分别相等、三个内角也分别相等的两个三角形全等。

可见，离开数学视角的观察，无法从数量关系及位置关系这两个角度去感知两个三角形的关系，也无法得到运用数量关系来描述的全等三角形的定义。这就表明，课堂上让学生观察将不同颜色的三角形纸片叠合在一起这一活动时，教师要根据学生已有的数学基础及经验，指导学生有目的地去观察，感知其中各量的数量关系与位置关系，并让学生说出自己观察感知到的结果；在此基础上有目的地指导学生进一步观察、感知，获得其中隐含的数学关系，以培养学生用数学的视角观察、用数学的思维思考的能力与意识。

再如，教学"用频率来估计概率"一课时，学生进行随机投掷图钉的活动，在经过实验、计算、画图等过程后，得到频率折线统计图。此时，教师让学生观察这个统计图，从图中发现规律。对于数学观察能力较弱的学生，他们或许只会看到图钉尖朝下的频率有时会上升，有时会不变，有时会下降，且其频率都大于 0.5，甚至有的学生什么也观察不到。而对于那些数学观察能力较强或经验较丰富的学生，他们就会运用"变量之间的关系"这个知识，从横轴（实验的次数）及纵轴（钉尖朝下的频率）这两个变量之间的关系来观察这个统计图，通过概括获得结论：实验次数不断增加时，钉尖朝下的频率会在 0.63 上下浮动。在课堂教学中，当学生无法观察到这一结果时，教师应有意识地做出指导，启发学生从"钉尖朝下的频率"及"实验的次数"这两个变量之间的关系来观察其规律，感知事件发生的频率与概率的关系。

荷兰数学教育家弗兰登塔尔说过："一个人不应当只在数学内部感到满意。"在前面的数学活动中，学生的收获不应局限于获得判定全等三角形的定义，不应局限于认识到"实验次数不断增加时，钉尖朝下的频率会在 0.63 上下浮动"这个结论，更重要的收获在于，他们积极主动地参与了数学活动，在数学观察的过程中学会用数学的思维思考，感悟从形到数的数形结合的思想方法，感悟统计思想以及概括的思维过程，培育理性思维意识与能力。与此同时，他们还经历了运用数量关系来描述位置关系，或运用位置关系来描述数量关系的思维方法，积累了研究数学对象的基本活动经验。这些活动经验，将在他们以后研究其他几何对象时发挥积极的作用。

二、让学生学会用数学的思维思考

数学是思维的科学，教师通过设计、组织有效的数学活动，让学生在活动的过程中运用数学的眼光去观察现实世界，进而抽象出所需的数学对象。随着学生数学知识及经验的积累、数学认知水平的提升，通过画图、操作、猜想、实验等方式方法，运用已有的数学知识经验来探索新的数学对象，探索新的数量关系或位置关系，是学生获得数学新知识、提升数学能力、发展数学核心素养的重要途径。而这些，都需要学生学会运用数学的思维去思考现实世界。

史宁中教授说过："数学的思维就是推理。"当然，我们不能把数学推理等同于数学的证明。推理一般包括合情推理和演绎推理。合情推理是从已有的事实出发，凭借经验和直觉，通过归纳和类比等推断某些结果；演绎推理是从已有的事实（包括定义、公理、定理等）和确定的规则（包括运算的定义、法则、顺序等）出发，按照逻辑推理的法则证明和计算。在解决问题的过程中，两种推理功能不同，相辅相成：合情推理用于探索思路，发现结论；演绎推理用于证明结论。从培养与发展学生的数学学习兴趣来说，没有什么比得上"让他们自己去探索发现"更为有效。从培养与发展学生的创新意识、创新能力及应用意识来说，也没有什么比得上"让他们运用已有的知识经验去探索发现新的知识，并将这些知识应用于新的情境"更为有效。这也正是《标准》所强调的："独立思考、学会思考是创新的核心；归纳概括得到猜想和规律，并加以验证，是创新的重要方法。"同时，《标准》还强调："创新意识的培养应该从义务教育阶段做起，贯穿数学教学的始终。"

因此，重视培养与发展学生的合情推理能力，让合情推理与演绎推理相得益彰，让学生学会运用数学的思维去思考，在设计与实施教学活动时尤为重要。

三、让学生学会用数学的方式表达

在观察之后，用自己的语言描述出观察到的数学特性或属性，然后再用数学语言，包括数学文字语言、符号语言与图形语言将这些特性或属性概括地表达出来，这是学生参与数学活动，并将活动成果外化的重要标志。《认知心理学》一书指出："语言具有可沟通性、任意符号指示、有规律地建构、结构的多样性、多产性和变化等属性。"运用数学语言与符号，根据数学逻辑规则来规范表述，可以发展学生数学语言与符号的运用能力，在学生不断反思与修正自己表述的过程中培养学生理性思维品质。同时，表述是在数学思维的作用下，把自己对知识的概括性理解通过语言来传递，属于讨论与交流的学习方式。借鉴美国国家训练实验室美国缅因州"学习金字塔"（National Training Laboratories）资料，根据学习金字塔理论，这种方式不仅可以帮助他人理解，同时也可以促进自身对所学新知识的概括性理解与记忆。笔者认为，表述应该也必须是数学活动的重要内容之一，并在培养与发展学生数学核心素养方面发挥重要作用。

　　既然表述是思维对知识的概括性理解，那么应花费较多的认知资源来对知识进行认知加工与组织。相应地，在课堂教学中，教师也应给学生充足的时间与空间，让学生能充分阅读理解所给的信息，在此基础上，结合自身已有的知识与认知经验，对读取出来的信息进行分析、综合比较、抽象、概括、判断与推理，并将自己所概括理解的信息转换成数学语言，外显出来。

第四节　数学活动的教学策略

一、有计划地精心设计一个贴切的数学活动

笔者认为：好的数学活动必须使得学生充分参与，环境必须是开放性的，设计的数学活动要具有数学性，并能够给学生提供一个广阔的思考空间，能够激发学生的积极性等。

《标准》指出："教师应激发学生的学习积极性，向学生提供充分从事数学活动的机会，帮助他们在自主探索和合作交流的过程中真正理解和掌握基本的数学知识与技能，数学思想和方法，获得广泛的数学活动经验。"由此可以看出，数学教师的主要任务就是：（1）激发学生的积极性；（2）向学生提供数学活动的机会；（3）给学生提供指导。这就需要数学教师具备较高的数学素养，能够给学生提供合适的数学活动，从而促进学生的发展。通过学生实践操作过程，充分调动其积极性，使他们在通过观察、思考、动手操作、猜想、验证等活动解决了问题的同时，获取了大量的过程性知识，积累了丰富的数学活动经验，从而完善了他们的认知结构。

二、营造一个良好的数学活动文化氛围

虽然依靠学生自身的力量也能进行数学活动，但是要想实现学生数学活动的有效开展，必须考虑教师、学生群体、课堂文化等因素。因此，民主、平等、和谐的师生关系，互相尊重、互帮互助的生生关系，开放、安全的课堂文化氛围等是数学教师必须给学生提供的。

只有给学生提供这样一个有安全感的、学生自尊心能够得到保护的班级文化氛围，学生才能够真正消除害怕犯错的思想包袱，无所顾忌地与老师、同学

交流、讨论，甚至争论。这样，教师通过倾听学生所表达的意思，能够对学生的内心进行剖析，对他们的思维方式进行指导，而学生自身也能够通过倾听，吸取学生群体或者其他个人的有益观念、思维方法、实际做法等，使得资源能够最大限度得到分享，从而极大地丰富了学生的数学活动经验。

三、充分重视利用生成性资源

学生是带着自身的知识、经验、思考进行数学活动的，由于教师、学生个体的知识素养、文化底蕴、思维方式的不同，对于同一个问题，不同学生将会有不同的意见，所以生成资源的产生是必然的，如数学活动进行过程中学生的错误、质疑、争论、思维的冲突等。这些资源有时候可以超越教师的思维，因此非常宝贵，它对于学生的学习有着非常重要的意义。而这些动态生成的教学资源的生成时机是转瞬即逝的，数学教师稍不注意就会错过启发教育学生的大好时机。因此，教师要因势利导，善于开发利用课堂教学中的生成性资源，不能把学生的质疑等看作节外生枝。比如，学生在回答问题出现错误时或提出一些出乎意料的回答时，教师一定要重视起来，否则，数学教学也只能像传统的教学那样，在教师预设的封闭教学环境中进行。

四、提供多样化的指导

数学活动是由学生主体进行的，是通过活动主客体的相互作用使学生建构起自己对数学的理解，而由于学生的个体差异性，不同的个体具有不同的经验背景，获得经验的方式也不一样，即使对于同一个数学活动，每个学生也有不同的理解。例如，在解决"椭圆"的相关问题时，有的学生首先想到的是它的一般表达形式，而有的学生则首先在脑海中构想出它的几何图形。因此，教师在教学中要针对学生的个体性提供多样化的指导，这样才能保证数学活动对于每个学生都是有效的。

五、组织反思与评价

数学活动进行后，为了使得学生获得充足的数学活动经验，将从中获得的过程性知识系统化，教师需要引导学生将数学活动过程作为反思对象进行整理，如反思数学活动过程中概念与原理的形成与发展过程，回忆从中起主要作用的数学思想方法和数学思维方法，并且教师需要与学生共同回顾、反思、交流与总结，并以提问等方式，将学生在数学活动过程中所形成的缄默知识显性化，显性知识系统化，即要及时地使学生的数学活动经验条理化。

以解题教学为例，学生在教师的引导下，通过积极参与，问题得以解决，但求出答案并不意味着活动的结束，还有很关键的一步，那就是引导学生进行反思活动，教师可以以"是什么，为什么"等问题提出的方式进行，也可以以其他方式进行。教师可以提出下面几个问题：（1）你是怎么做出来的？（2）你用到了什么思想方法？这种思想方法是什么？什么时候去用？怎么用？（3）题目中所有的条件都用到吗？通过这几个问题让学生开展反思活动，那么学生学到的绝不仅仅是一道题的解法。若数学活动的进行没有反思，那么无异于"入宝山而空回"。

那么，学生在经历了数学活动后，目标是否达成，完成的情况如何，这就需要一定的评价机制。传统课堂对教学效果优劣的评价总是围绕着对静态知识的掌握展开，如学生是否记住了公式、定理、概念，是否会应用他们解题，是否会利用规则进行计算等，并把这些作为考查的对象，从而忽视了学生在进行数学活动过程中所获得的过程性知识，阻碍了学生创新能力的提高。《标准》指出：数学学习评价，既要重视学生知识、技能的掌握和能力的提高，又要重视其情感、态度和价值观的变化……既要发挥评价的甄别与选拔功能，更要突出评价的激励与发展功能。这就说明了《标准》强调评价的多元化，注重学生的全面发展。因此，传统教学中只重视评价学生的结果性知识的方法已经被发展性评价理念所取代，学生在数学活动过程中获得的过程性知识必然被作为一个重要的评价指标。

而要评价学生是否掌握了数学思想方法、数学思维方法等数学活动中所获得的过程性知识，在活动过程中的体验如何，仅仅用量化的评价方式肯定不够，并且用量化的方式也很难进行，我们需要提倡多元化的评价方式。根据所评价的目标的特点，我们可以尝试采用质性评价等方法，如课堂观察、交流、成长记录袋等，以促进学生数学素养的发展。

第四章

核心素养下的高中数学主题（单元）

教学设计

数学教学活动是一个预设与生成相结合的过程，而预设的主要形式表现为教学设计。以课时为单位的数学教学设计对于合理把握每节课的数学教学活动进程、优化数学教学活动具有重要意义。但其自身也存在不足之处：易使学生的知识割裂，不利于形成一个完整的知识链条和结构体系，而且过多地关注知识与技能，忽略了情感态度和价值观的培养，不利于学生学科素养的发展；易使教师拘泥于具体内容的"就课论课"，缺乏对教学整体的把握。单元教学设计倡导将教学内容置于单元整体内容中去把控，更多地关注教学内容的本质、蕴含的思想以及学生素养的培养，对于改变教师过分关注具体知识点的倾向，拓展其教学视野以及提高教学效率等有重要作用。

第一节　单元教学设计的内涵

一、单元教学设计定义

单元教学设计是在单元教学的基础上形成的一种教学设计模式。研究单元教学设计，需要从单元教学出发。单元教学产生于 19 世纪末，是欧美新教育运动的产物。单元教学主张，学习的内容应该是完整的，不应该将教材割裂成一课一课的形式，而应把学习内容分割成较大的单元，这样才比较符合学生心理，容易被学生掌握，有利于发展学生能力。

新一轮基础教育课程改革中，三维目标、核心素养的提出以及对教师整体把握课程能力的倡导等，都对单元教学设计的研究产生了重大影响。单元已不再局限于教材中固有的单元，更多指的是以教材为基础，用系统论的方法对教材中"具有某种内在关联性"的内容进行分析、重组、整合并形成的"大单元"。而且，单元教学设计在学生素养的生成、情感的培养以及思维习惯与方法的形成等方面正在发挥其独特作用。

单元教学是指以主题内容单元为依托，发展学生学科核心素养的教学过程。而单元教学设计则是以单元教学内容以及其指向的学科核心素养为抓手和导向，厘清教学目标，制定教学任务，探讨教学方式及策略，综合考虑各项教学因素的教学设计。

二、数学单元教学设计的内涵

基于"大单元"的角度，结合数学学科特征，可将数学单元教学设计的内涵界定为：单元教学设计是以教材为基础，用系统论的方法对教材中"具有某种内在关联性"的内容进行分析、重组、整合并形成相对完整的教学单元，在教学整体观的指导下将教学诸要素有序规划，以优化教学效果的教学设计。它不仅包括教学要素分析、教学目标确定、教学流程设计，也包括教学流程的实施以及评价、反思与改进等。

数学单元通常由数学教师根据教学需要来决定，它可以以重要的数学概念或核心数学知识为主线组织，也可以以数学思想方法为主线组织，还可以以数学核心素养、基本能力为主线组织。

第二节　单元教学设计的特征

一、整体关联性

数学单元教学设计的整体关联性是单元教学设计最突出的本质特征，主要表现在四个方面：

（1）知识内容的整体性。

（2）教学安排的整体性。

（3）对学生认知把握的整体性。

（4）数学单元教学设计在关注整体的同时，更关注部分与部分之间的联系，凸显了关联性。

二、动态发展性

动态发展性是单元教学设计的重要特征，其动态发展性主要体现在两个阶段：

（1）在教学设计的实施过程中。

（2）在教学设计实施之后。

三、递进层序性

递进层序性即单元内每节课之间或者单元与单元之间依据知识的系统性，由浅入深、由易到难的顺序编排，形成教学的坡度和训练的阶梯，使教学有目的、有计划进行。单元内各节课之间既相对独立，有各自承担的教学任务和分工，又彼此联系，体现循序渐进的原则，前一节课的内容是后一节课的结点和生长点，教学活动层次递进，呈阶梯式前进。

四、设计生本性

所谓设计生本性就是以学生为本的教学理念，这是单元教学设计的基本出发点。生本性在单元教学设计过程中主要体现在以下两个方面：

（1）知识的整体性建构符合学生的认知规律。

（2）三维教学目标的落实符合学生的发展规律。

新课程提出的三维教学目标着眼于学生的全面发展，然而教师在施教过程中，知识与技能目标较为清晰，也容易落实，而过程与方法、情感态度与价值观目标却难以在每一节课都能找到相应的落实方法和途径，如果按照单课时来设计这两个维度的教学目标势必存在实施时间短和实效性差的问题。而单元教学设计通过优化教学内容、丰富教学方式、创设教学情境等途径将三维目标逐步深化和落实于整个单元教学的始终，符合学生的发展规律，可以促进学生全面和谐的发展。

五、探索创造性

创造性是单元教学设计的重要特征之一。单元教学设计体现了教师对单元教学内容和教学方式的独特诠释和理解，是具有创造性的活动。

六、团队合作性

数学单元教学设计对于单个教师的时间与精力来说，具有相当大的挑战性。因此，在单元教学设计中往往需要以教学团队或者学校教研组为单位，并适时地邀请专家学者参与其中，通过团队成员之间的合作来完成。这就改变了以往的课时教学设计中教师彼此之间缺乏交流所造成的教学设计较为片面的现象。

总之，指向数学核心素养的单元教学设计，就是既能微观聚焦于具体模块知识的价值与功能，又能以全局大视野统整数学知识、观念与过程，实现课堂教学与数学素养发展的对接。

第三节　数学单元教学设计的基本操作步骤

综合考虑数学教学设计的基本特征、要求以及单元教学的特殊性，根据数学教学设计的三个大的环节，即前期准备、开发设计、评价修改，将数学单元教学设计归纳为以下五个步骤：

（1）确定单元内容。

（2）分析教学要素。

（3）编制单元教学目标。

（4）设计教学流程。

（5）评价、反思与修改。

具体操作流程如图 4 - 3 - 1 所示。这五个步骤当中，步骤（1）、步骤（2）属于前期准备环节，步骤（3）、步骤（4）属于开发设计环节，步骤（5）属于数学评价修改环节。

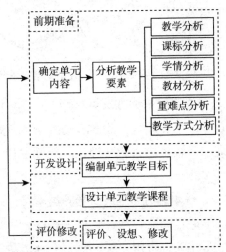

图 4 - 3 - 1　数学单元教学设计的操作流程

一、确定单元教学内容

教师是单元内容的决定者，在确定"数学单元"内容时教师可以根据教学内容、学生学习情况，选择确定单元内容。

对于高中数学课程内容，通常可以采用三种方式来组织单元教学内容。

1. 以重要的数学概念或核心数学知识为主线组织的主题类单元

例如，函数的单调性、有理数的运算、方程等，可以作为主题类单元来对待。这些单元有些是教材中的章节单元，有些是跨章节的单元，且多以知识的逻辑联系加以组织，呈现出一种递进的关系，可以前后依次展开，表现形式通常是线串式的，我们可以称其为线串式单元。例如，函数单调性的研究是高中数学课程展开的一条主线，它与义务教育阶段的函数概念、函数图形、代数运算，高中阶段的函数概念、函数图形、函数性质、基本初等函数、数列、不等式、导数等内容紧密联系，是高中数学课程的核心内容之一，在中小学数学课程中有承前启后的作用。因此，可以选择对函数单调性的相关内容进行重组和整合，构成一个跨章节的知识主题单元。在高中阶段与函数单调性有关的内容有：必修数学1中的函数概念、函数基本性质、基本初等函数，必修数学5中的数列、不等量关系，数学选修1-2、数学选修2-2中的导数及其应用等，这些内容构成了线串式的函数单调性单元（图4-3-2）。

图4-3-2　"函数单调性"线串式结构单元

2. 以数学思想方法为主线组织的方法类单元

数学思想方法是数学思想和数学方法两者的统一，其既有观念层面的也有操作层面的，如数学表示、数形结合、公理化、数学建模、随机思想、归纳思想、微积分思想等。

3. 以数学核心素养、基本能力为主线的素养类单元

比如，可以高中数学课程标准（修订）提出来的六种数学核心素养，即数学抽象、逻辑推理、数学建模、直观想象、数学运算、数据分析为主线，来组织教学内容。

由于素养类单元相对于主题类和方法类单元，其内容选择、教学阶段以及课时的规划等更难以把握，所以对于新手型数学教师建议先选择"章节单元"，从一章节中的一部分做起，再到整个章节。随着教师教材驾驭能力的增强，对学生情况了解的深入，可以选择跨章节的内容来做"主题类单元"，进而逐渐过渡到"方法类单元""素养类单元"。当然对于有经验的数学教师，则可直接选择做"方法类单元"或者"素养类单元"。

二、分析教学要素

教学要素分析是编制单元教学目标的依据，也是单元教学设计的重点环节。数学单元教学设计的教学要素分析应该包括以下六个方面的内容：数学分析、课标分析、学情分析、教材分析、重难点分析以及教学方式分析。具体要素分析的内容如表4-3-1所示。

表4-3-1　教学要素分析的内容

	要素	内容
要素分析	数学分析	1. 本单元内容的数学本质、数学文化以及所渗透的数学思想等 2. 本单元内容在本学段数学课程中的地位 3. 本单元内容在中小学数学教学中的地位和作用 4. 本单元内容在数学整体中的地位 5. 本单元内容与本学段、前后学段以及大学其他知识点间的联系
	课标分析	1. 课标中对单元内容的要求 2. 课标中对单元内不同内容要求的关联
	学情分析	1. 学生学习新知识的预备状态 2. 学生对即将要学习的内容的了解程度 3. 学生学习新知识的情感态度 4. 学生的学习方法、习惯以及风格
	教材分析	比较新旧教材以及不同版本教材的异同，概念引入、情境创设、例题习题的编排方式等
	重难点分析	1. 单元整体教学重难点 2. 具体课时重难点
	教学方式分析	从单元整体角度出发，选择恰当的教学方式体现学生主体性

三、编制单元教学目标

恰当的教学目标在整个数学教学设计的过程中起着举纲导向的作用。单元教学目标是单元教学过程设计的依据，也是单元教学设计的核心，所以教学目标的确定与细化表达是单元教学设计过程中最关键的一个环节。

对于数学单元教学目标，一方面要凸显其整体性与统领性，突出其对于重点知识和能力的要求，并落实到学生数学素养的达成；另一方面要呈现出一定的层序性，即单元教学目标的达成最终要落实到课时当中，需要按照教学的"节"或"课"的编排顺序来分步实施，循序渐进。

例如，函数单调性单元教学目标可表述为：

（1）经历用几何方法、代数方法和导数方法研究函数单调性的过程，理解函数单调性的概念、掌握研究函数单调性的方法，体会用代数方法与导数方法研究函数单调性的特征以及引入导数方法的必要性和重要性，加深对函数概念的理解。——提升数学抽象、数学运算等数学素养。

（2）通过梳理与函数单调性相关的内容，如函数定义域、值域、函数图形、函数最值、不等式、函数零点与方程根、导数等，体会函数单调性对研究函数的重要性及其与其他数学内容的内在联系，提升整体把握数学内容的能力，增强学习数学的信心。——提升逻辑推理、直观想象等数学素养。

（3）经历用函数单调性解决问题的过程，体会函数单调性在解决问题中的作用。——提升数学建模等数学素养。

四、设计单元教学流程

单元教学流程是在要素分析以及单元教学目标确定的基础上，针对整个单元的教学内容选择教学策略，进一步形成的单元教学方案。"单元教学设计所强调的是一个整体，也就是一个大的森林。"然而要实现这个整体，需要从单元的宏观开始，逐层过渡到微观。具体地说，要将其细化为不同的阶段，同时每一个阶段又在一定的课时中去实现。在单元教学目标确定之后，需要将单元教学流程进行分解，所以在教学流程设计中，从单元流程到课时流程，要做到既有阶段性，又有连续性，在考虑到教学前后衔接的同时，又能照顾到每个课时之间的联系。这样单元教学的流程就在两个层次上展开，一个是单元整体流程，指的是整个单元的阶段划分以及针对教学重难点、学情分析对每个阶段课时的划分；另一个是课时流程，指在考虑每节课彼此之间以及其与单元总目标之间联系的基础上，落实到每一个课时的具体教学方案，在此基础上形成单元教学方案。（图4-3-3）

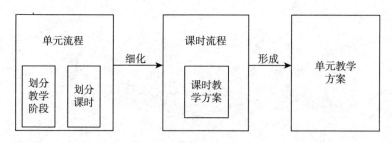

图4-3-3　教学流程设计

比如，函数单调性单元横跨了好几个章节的内容，在教学过程中可以将其划分为以下几个不同的阶段：第一阶段：在初中学习的基础上，从图形、图形语言出发，建立用符号语言严格表述的单调性概念；结合具体的函数，理解证明函数单调性的基本方法。第二阶段：研究一些基本函数类的变化，理解单调性的作用，建立几何直观。第三阶段：结合不等关系的学习，理解单调性与不等关系之间的联系。第四阶段：建立导数与单调性联系，进一步认识函数是刻画变化的数学模型。第五阶段：以单调性作为主线，梳理函数，通过理解函数是研究变化的模型，进一步认识模型的作用。在此基础上，根据前面对教学要素的分析，来初步规划每一阶段所需要的课时，并设计每个课时的具体教学方案，从而形成函数单调性单元教学方案。

五、评价、反思与修改

评价、反思与修改是数学单元教学设计的最后一个环节。数学教师应当在实施教学之前依据教学目标编制评价标准，并在单元教学实施之后，依据标准去评价学生的学习成果，做到目标、教学、评价三者的统一。因此，在实施教学的过程中，教师要根据评价结果对单元教学内容的选择、目标的确定以及流程的规划等进行反思，并对原有的教学计划进行调整和修改，如教学设计中某些内容的位置、课时的规划等。

第五章

高中数学教学中融入数学史教学设计

《普通高中数学课程标准（2017 年版)》中，提倡在高中课程中体现数学的文化价值，强调采用灵活多变的形式将数学的文化价值渗透在各部分内容中。高中数学新课程改革的一个亮点就是在课程内容及教学要求方面强调了设置数学史与数学文化知识的重要性与必要性。关于数学史的教育价值，数学史融入高中数学教学的必要性，已经有了相当多的探讨，也得到了多数高中数学教师的认可。HPM 相关理论研究也不断完善，许多研究者在这方面取得了很多的研究成果。但是一线高中数学教学中真正应用数学史的情况依然不容乐观。

　　目前，高中数学教与学面对一种尴尬局面：想学，学不懂；想教，又教不会。这从很大程度上影响了数学教学质量的提高。造成这种局面的原因有很多，其中对于教师而言，最主要的原因是学科本身的特性和教学方法的不当。为了使高中数学的教与学更有效、为了完善高中数学内容结构体系、为了培养学生正确的认知思维模式，教师可采纳灵活多变的教学方法。在诸多教法中，文理兼容，融入数学史教学就是很好的方法之一。

第一节　高中数学教学中融入数学史教学的意义

数学史是研究数学知识、数学方法和数学起源与发展及其与社会、经济和一般文化联系的一门学科，它反映了数学发生、发展的脉络和本质。

一、理论意义

1. 体现新课改的理念

在高中数学教学中融入数学史的教学符合新课程改革的教育理念。融入数学史的教学，有利于学生形成正确的数学思维方式，树立科学的探索精神；有利于学生培养创新思维和发现性思维；有利于学生提高学习数学的兴趣，更好地感悟数学美；有利于学生培养不畏艰难的毅力、不懈探求真理的精神等。由此可见，在高中数学教学中融入数学史，在适应新课改的要求下具有很大的理论意义和实践价值。

2. 揭示数学知识的本源和应用

数学史知识能追溯教科书中数学知识的历史渊源，揭示数学知识产生的历史背景，让学生体会数学在科学发展史上的地位和影响；数学史知识能明确数学知识在现实生活中的实际应用意义，让学生深刻认识到数学的实质，领悟到数学本是一种形象的、本质的人类活动，使学生意识到数学在社会生活中的作用和意义，同时能让学生感受数学与其他学科之间的内在密切联系以及在各个领域的应用。例如，在讲二项式定理时，可以介绍有关二项式定理的发展史，说明这个定理原本是牛顿为了方便研究物理天文学而发现的，殊不知为数学领域开辟了一个崭新的天地，而后又应用于物理天文学中。由此看来，数学作为基础学科与其他学科是密不可分的，它时刻应用在社会生活中的其他领域。

3. 有效提升学生的学习效率

现在高中教师的教与学生的学、学生已有的知识与教科书新内容的编排之间本身就存在着矛盾，虽然教师拼命讲，学生努力学，但这繁难的数学还是令很多学生进退两难、望而生畏，自然学习数学的效果也不会理想。究其原因就是数学本身"难于上青天"的特性，再加上教师生硬死板地输出与学生枯燥无味的训练造成的。而数学史的融入可以让教师的课堂生动有趣，可以将知识的来龙去脉、问题的现实背景介绍给学生，让学生感觉不陌生、不抽象，接受起来更容易。这样就会让教师和学生从一味地"灌"和刻板地"学"中摆脱出来，使学生爱上数学课，爱上数学，有效地提升学生的学习效率。

4. 能让学生了解人类文明史

数学史是揭示数学科学产生发展及其规律的一门学科，它不仅追溯数学知识的思想方法、内容结构的发展历程，而且还阐述了影响数学知识形成的种种因素、科学家们付出的代价、辉煌成就的历史事实以及数学科学的发展对人类文明带来的巨大影响。这就是说，数学史涉及了有关历史、哲学、政治、经济、文化、宗教等社会科学和人文科学的内容，是一门文理交叉性的学科。它在人类文明史上的这种特殊地位，说明如果不了解数学史，就不可能了解人类的文明史。在高中数学教学中融入数学史，能促使学生更深入全面地了解人类文明史。

5. 能培养学生数学文化素养

《标准》指出："通过在高中阶段数学文化的学习，学生将初步了解数学科学与人类社会发展之间的相互作用，体会数学的科学价值、应用价值、人文价值，开阔视野，寻求数学进步的历史轨迹，激发对数学创新原动力的认识，受到优秀文化的熏陶，领会数学的美学价值，从而提高自身的文化素养和创新意识。"

学数学应当给学生带来什么？不应该只是数学知识本身，而是需要能够培养学生的数学文化素养。数学史的教育价值是整个数学教育界都认可的，将数学史贯穿于数学教学中，有利于培养学生的数学文化素养。

二、实践意义

（1）可以让高中教师感知到数学史在高中数学教学中的作用与意义，使数学史融入高中数学教学成为可能；为高中教师在融入数学史教学时提供可借鉴的理论指导和值得商榷的实践模式。

（2）提出高中数学教学中融入数学史教学的建议和实施策略，使融入数学史的教学具有可操作性，并使当前的高中数学教育改革落到实处。

第二节　高中数学教学中融入数学史的
理念与原则

如今高中教师对于数学史融入高中数学教学有很多片面理解，诸如融入数学史仅仅是课堂上的花絮，稍微有点即可，对不对、全不全、渗透到什么程度不用深究；还有数学史并不是高考考查的知识范畴，不用大张旗鼓地学习，浪费课堂时间；尤其对数学史对教学过程和结果所起到的作用认识有偏差，认为数学史能起到的作用很有限。这些片面的理解都是由于新课改前的高中数学教学大纲未提出明确要求和教科书中渗透太少造成的。因此在新课改的要求下，首先要明确高中数学教学中融入数学史的理念与原则。

一、高中数学教学融入数学史的理念

1. 体现课改理念，培养学生学习兴趣

在高中数学教学课堂中融入数学史教学的目的是澄清数学知识本质，拓宽学生思维，提供思想方法技巧，让学生由被动无奈到主动积极，这是落实我国素质教育根本途径之一。因此，在教学中融入数学史知识的理念是由本源引发学生兴趣，通过讲故事说明做事态度，从而真正做到让学生爱上数学，端正学习态度，将素质教育落到实处。

2. 理解数学知识，培养正确数学思维方式

数学史的融入可以帮助学生形成这样的思维方式。如在讲命题的定义、定理、公理、证明、推论、结论等知识时，让学生了解这些知识都是前人苦心钻研并经过无数次的探索、挫折和失败才形成的。从教科书中，看不到概念的形成过程、定理（公式）的发现过程和解题的探索过程，数学知识多是由实际问题抽象而来的，定理法则也多有其历史背景，公理化方法更是有其作用和意义。

将相应的数学史料融入其中，让学生明白这些定义、定理、公理、结论等知识是在大量的社会生活实践中发现和形成的，并且理解它的作用和意义。然后再将这些理论应用于一般数学问题中，这样就让学生不是学习死板突兀的数学，而是让学生学习有血有肉鲜活的数学，让学生充分理解数学知识的产生和发展规律，形式正确的数学思维模式，真正做到了解过去，指导现在，预见未来。

3. 培养科学精神，让学生形成正确的数学观

数学史本身就是研究数学起源，发展和揭示与政治经济文化间关联的一门文理交叉性科学。作为一名数学教师，应深刻而科学地理解数学，树立正确的数学观和数学教育观。学生如何形成正确的数学观？从高中数学发展史的角度来讲，数学是代数的、几何的，还是两者的结合？数学是演绎的理论体系还是推理的模式结构？数学是不断发展变化的还是固定停滞的？在高中数学教学过程中正确融入数学史可以帮助学生正确认识数学，循序渐进地形成科学的数学观。

4. 体验数学应用性，尝试研究性学习

以数学史为主题开展研究性学习，就是为了让学生感知数学就是生活中的数学，生活也是数学中的生活，真正体会数学与现实生活完美和谐地结合，即数学源于生活、用于生活的硬道理。以数学史为载体开展研究性学习的活动可以这样进行，如在讲授几何体体积公式时，可开展有关祖暅原理为主题的实际应用实例，让学生用沙漏等生活用具进行实验研究，体会"幂势既同，则积不容异"的实际生活道理，由实际生活挖掘数学原理内容，进而由这一数学原理归纳并总结出所有柱体、锥体的体积公式，并且铭记于心。只要能给学生提供丰富的数学史资料，使其形式正确的思维方式，学生就能够产生持久的学习动力和尝试性研究习惯。经过长期的思考、探究，学生不仅能养成研究性学习的学习习惯，培养创新性思维，更能发现自己所学知识的漏洞，明确努力方向，继续探究发现。当然也为爱好数学的学生开拓了足够开阔的学习空间。

5. 做到主次分明，辅助课堂教学

高中数学课程是以高考为主要衡量标准来设计的，所以数学史的融入不仅为了让学生理解知识的根源和实质，拓宽学生视野，主要任务还是服务于学生对高中知识的理解和应用，让学生轻松容易地学习数学。在课堂中融入数学史要主次分明，不能因为学生的兴趣偏向于历史人物的相关故事而占用课堂的大

部分时间，让学生意识到史料只是为了更好地理解、学习高中的数学课程，教师要把握数学课堂的主导方向，做到能收放自如。

二、高中数学教学中融入数学史的原则

国际著名数学教育家弗赖登塔尔曾严格强调，在数学教学中融入数学史不是简单地讲故事、说材料，而是灵活运用数学史的知识，启发学生思维，帮助学生更有效地学习高中数学知识。因此，在教学中融入数学史的原则就显得格外重要。在融入数学史的课堂教学设计时，应遵循以下几个原则。

1. 科学准确性原则

高中数学教育者在教学中融入数学史知识时，一定要科学严谨，数学史知识的内容一定要准确无误，让学生对数学知识的起源发展有正确的认识，绝不能断章取义。例如，高中教科书中指数对数的顺序是先讲指数及指数函数，然后由指数的逆运算引出对数及对数函数。事实上，这部分的数学发展史是因为在天文学领域的计算数据非常庞大，以当时的计算工具不能顺利完成任务，在如何能使大量数据运算简化的探求中发现了对数，对数的引入大大简化了运算，慢慢地科学家们才发现对数运算的逆运算是指数运算，才有了指数函数。因此，数学史发展中是先有对数后引出指数，与高中教科书编排顺序是不一样的。这样，数学史科学准确地融入才能让学生正确理解数学发展的思维规律。

2. 有效实用性原则

高中数学教学中融入数学史，其目的除了让学生提高学习数学的兴趣以外，更重要的是让学生明确并明白数学这一学科的特点和真正意义。数学不只是简单的数式运算，更多的是数学知识如何很好地服务于社会生产生活的需要，要体现数学在现实生活中的有效实用性原则。

例如，在讲对数函数时，可以渗透对数最初的应用范围是在航海和天文领域，它是作为运算单位出现的。对数的发明，让很多天文学家、物理学家和数学家都激动不已。拉普拉斯称赞对数是一项"使天文学家寿命倍增"的发明；从数学角度看，对数作为 17 世纪数学领域里最伟大的"三大成就"之一，它产生的意义更为深远。首先，对数可用于计算天文学中所涉及的庞大数据。当时的天文学发展迅速，运算数据繁难庞大，利用对数的运算性质，可将乘除法转换为加减法，幂的运算转换为乘积运算，这样巨大数的运算过程就显得简单易

行。其次，对数可应用在化学领域的酸碱度 pH 值的计算上。酸碱度是由溶液中的氢离子的浓度来决定的，但是化学界并非是直接用氢离子的浓度表示，而是用氢离子浓度的负的常用对数值来表示。因为要表示酸碱度需要处理从 1 到 100 兆的巨大数据的运算，所以引入对数，氢离子浓度有 10 倍变化时，pH 值才变化 1，从 1 到 100 兆的巨大数据的 pH 值就会变成从 0 到 14 的数字。对数的引入就巧妙地将两个氢离子浓度的极端差 100 兆转换为 0 与 14 的简单数字差。因此，对数的出现是当时社会生产的需要，体现了数学在现实生活中有效实用的特点。

3. 取材适度性原则

教师在选取高中数学史的史料时要和高中生现有认知水平和接受能力相吻合，尤其是数学史资料中有关的数学公式、定义、公理及数学命题部分，数学史资料的选取要适度，过于浅显或者过于深奥都不利于学生思维水平的提升，当然也起不到高中数学教学融入数学史知识应有的作用和意义。因此，融入数学史知识的取材要适度。

数学史的材料很多，要在这诸多的数学史材料中精选出一些重要且适合高中生数学知识学习乃至研究性学习的内容来，却并非一件容易的事情。首先涉及的问题是课题内容的选择。经过几千年的积累，数学已经形成了一座巨大的知识技能和思想方法宝库，在这座宝库中，哪些是高中生最渴望了解的，哪些是最适合高中生学习的，这些都是高中教学中数学史材料选取时首先要考虑到的问题。所以作为教师，在进行数学教学设计时，就应选择最能反映数学知识产生、发展规律，揭示学科整体面貌，蕴含重要数学思想方法以及对所学知识易于理解接受的史实内容。

4. 趣味启发性原则

学生数学能力的形成和发展是在数学学习活动中完成的，而促使学生努力参与数学学习活动的最大动力就是兴趣。有了对数学的热爱，才能有力地运用和发展学生学习数学的潜能。因此，学习能力与学习兴趣息息相关，培养学生对数学的兴趣能促进学生数学能力的发展与提高，这就要求教师不能只注重对学生数学知识的掌握而忽略对学生数学兴趣的培养。

数学史的内容很多方面是关于数学家的故事的。有的是努力坚持为真理献身的，有的是因生活中的实例而突发奇想的，等等。这都让学生对科学家的故事产生浓烈的好奇心，激发无限遐想；数学史能解答学生心里本来就存在的认识冲突，这也恰恰是他们想了解的，如杨辉三角和帕斯卡三角是一个数学知识解决的同一个数学问题，是中国人的发明还是外国人的创造？虽然数学文化是全人类共享的，但源头还是学生渴望知道的，而数学史材料能帮助他们解答这样的问题。对学生而言就会对数学的学习产生浓厚的兴趣。当数学史知识引起学生的强大兴趣时，他就会爱上数学史，总结学习高中数学的方法，形成正确的数学思维模式。

5. 引入多维性原则

高中数学所学的知识背后都蕴含了很多数学家的故事，有数学发现的历史背景及当时社会生产的需求，数学知识的本源和实质，真理的来之不易及诸位数学家为捍卫真理所做出的各种牺牲，各学科知识之间的联系，数学作为基础学科在各领域的应用等。因此，在高中数学课中融入数学史知识可以多方位、多角度地引入，让学生从各个角度、各个层面都深刻理解数学史，从而让学生从多维度掌握数学知识的本源实质，激发学生学习数学的兴趣。

教师在课堂上运用数学史可通过如下维度进行落实：

（1）在授课过程中穿插相关数学家的故事。以提高学生学习数学的兴趣为主导，介绍相关数学知识的历史发展以启迪学生的思维，通过史料人物介绍数学与其他学科的紧密融合，激发学生学科间的融会贯通能力。

（2）教学内容结合数学史上的关键事例，以历史名题和著作中经典数学问题为例说明有关的数学思想方法技巧，用历史上的著名错误或误解帮助学生感受困难的存在性和克服困难的坚强毅力。从具体事例维度融入数学史以培养学生的认知思维能力，增强学生学习动力。

（3）从数学史文化发展观点的维度融入数学史，让学生理解数学的应用价值和文化价值，以实现数学教育的文化目的。

第三节 数学史融入高中数学教学的方式

学者 John Fauvel 于 1991 年在《数学学习》上编辑了一期教学中如何应用数学史的专刊，其中列举了应用数学史的 12 种不同的具体做法。学者萧文强对各种做法进行了概括，提出了应用数学史的八种具体方法和途径。

（1）在教学中穿插数学家的故事和言行。

（2）在讲授某个数学知识时，先介绍它的历史发展。

（3）应用数学历史名题讲授数学知识，根据数学史上典型的错误帮助学生克服学习困难。

（4）指导学生制作富有数学史趣味的壁报、专题研究、剧本、录像等。

（5）应用数学历史文献设计课堂教学。

（6）在课堂内容里渗透历史发展的观点。

（7）以数学史作指引设计整体课程。

（8）讲授数学史的课。

笔者认为，数学史融入高中数学教学一般有显性融入和隐性融入这两种方式。显性融入是一种较低层次的融入方式，主要是指通过直接提供与数学知识相关的数学史，即按照数学知识的发展进程，呈现相关的史料。其主要途径是介绍数学知识的发生、发展过程，定理的发现、推理和应用过程。隐性融入则是较高层次的融入模式，是指对数学史料进行再加工后融入数学知识之中，主要在于将数学史中的数学思想方法和数学知识联系起来，使学生在学习数学知识之中深刻体会其中的方法。这种融入方式需要教师挖掘数学史中与数学知识相关的数学事实、数学家的轶事等史料，进行精心加工才能见效。数学史融入高中数学知识的模式也可分为工具式融入模式和目标式融入模式。教师比较喜欢运用工具式融入模式进行教学，可以将数学史作为兴趣工具、激励工具、再现工具融入高中数学知识教学之中，目的是激起并维持学生学习数学的兴趣和热情，并通过数学家的成功与失败、数学家思考问题的方式激发学生的探究意识。目标式融入模式则是为了提高学生的数学思维能力，使其掌握数学史料中所蕴含的重要思想方法，可以说在这一点上，目标式融入与隐性融入是一致的。

第四节　数学史融入高中数学的概念
教学的基本策略

数学史与数学教学最直接的结合应该是在课堂上，这种结合方式的最大优点在于教师的引导，教师自身对数学史的理解和感悟将直接影响学生，教师高屋建瓴的数学理解和数学观点势必将给学生以醍醐灌顶之感。

一、基于历史发生原理的教学策略

基于历史发生原理的教学形式的认识基础是学习只能在充分的动机及心智发展的适当时机下才会进行，教学中最重要的不是如何使用概念，而是提供"为什么"的解释和引导。这种模式的教学一般有四个步骤：第一步，教师掌握相关主题的历史知识；第二步，在这个基础上甄别历史演化的关键步骤，比如关键的思想、问题和困难等；第三步，适当改造这些关键步骤，使它们便于在课堂上使用；第四步，给改造后的步骤配备一系列难度递增的问题。在这四个步骤中，教师和学生可以适当地利用原始文献和二手材料。第二、第三步需要教师熟悉数学发展中出现的困难和学生理解上的障碍，在数学历史的启发下选择问题，激发学习动机，为学习新知识铺平道路。在第三步中，数学史的融入有两种方式：显性和隐性。显性的融入方式按照历史的顺序组织教学，通过对不同时期的数学的描述，显示数学的演化和发展阶段，进而把学生引导到数学知识的现代形式上；隐性的融入不需要考虑历史顺序，目标自始至终放在现代形式的数学知识的理解上，对于数学史的考查也只需要运用现代的概念和逻辑。

二、基于数学史的问题策略

为了丰富学生在数学知识学习中的体验，可以将数学知识的形成过程、形式化的数学知识及一些相关的数学史材料转化为数学问题，通过问题情境，在问题的探究过程中"学数学、做数学、用数学"，最终构建出概念的心理表征。

数学知识的教学过程包括概念的形成、表述、辨析和应用（包括概念所涉及的思想方法的运用）等阶段。在高中数学知识的教学中，怎样设计有效的问题情境，怎样调动学生参与课堂教学活动的积极性，使得学生经历观察、分析、猜想、类比、归纳、概括、抽象、推广等思维活动，探究数学规律，得到新的数学知识，使学生深刻体验到数学知识产生的过程，提高他们对数学知识的认识水平，掌握思想方法，培养数学能力，是数学知识教学首先要研究的问题。

这项工作需要教师去完成，教师在教学过程中需要对教科书进行加工，使之贴合人类认识这一概念的真正过程。当然，学生学习概念毕竟不同于数学家的创造概念，因此，通过教学法加工以后所呈现的问题不一定就是数学家创造概念当时所面临的真正问题，但是我们应当遵循这一概念的创造思路设计较为合理的问题情境，并通过适当的指导，使得获得概念的进程加快。数学史的应用问题化，可以从两方面入手：一方面，把概念生成的过程问题化。一个概念是怎样引入的？必要性和重要性都是什么？这些问题是区分概念的本质特征和其他特征的关键所在。因此，教学过程中应该尽可能把知识的发生过程转变为一系列带有探究性的问题，使相关材料成为学生思考的对象。另一方面，要把形式化的数学材料转变为蕴含概念本质特征的、贴近学生实际生活的、适合让学生探究的问题。通过学生亲自动手操作，使数学变得更加亲切，从而把学生引向概念的本质。

三、"再创造"策略

"再创造"策略是指利用数学史的材料进行课堂设计，让学生亲身经历数学知识形成的过程，自主生成数学知识。"再创造"策略应用要求教师的教学设计具有一定的开放性，旨在为学生提供一个"提出问题、探索问题"的空间，从而培养学生勤于思考的学习习惯、坚韧不拔的学习意志和勇于创新的探索精神。

笔者认为数学史融入高中数学知识教学的有效方式有：

（1）复制式是直接融入数学史，呈现数学发展史上的数学问题与解决问题的方法，通过探究问题和体验数学家的智慧，来了解数学知识的历史发生、发展过程，从而加深对数学知识的理解。

（2）顺应式是指对原始数学史料进行适当的筛选、加工、改进、组合与设计，在数学史料中提炼出数学问题，创设符合学生的认知特点和顺应学生思维水平的问题情境，让学生在探究中用现有的知识与经验去解决问题，即引导学生沿着数学思维过程的原始过程进行探索，同时使学生思维过程和数学思想方法产生过程基本保持一致。让学生充分领略以前数学家们的灵感，促进学生对数学知识本质的理解。

（3）重构式是数学史融入教学的最高层次。郑毓信先生认为："历史的理性重建"为彻底改变数学史向数学教学渗透方面所存在的"高评价、低应用"现象指明了可能的前进方向。教师要对数学知识的历史进行重构，使其适合学生认知和课堂教学，并设计一系列由易至难、环环相扣的问题。重构式融入数学史，展示数学知识在演进过程中的重要步骤，把握知识发展脉络，感受不断修正、完善的演进过程中古人的丰富智慧及所付出的艰辛与努力，使学生在理解数学知识的本质的同时，培养他们勤奋、坚韧的学习品质。

第五节　现用教科书中有关数学史知识点分布情况

　　新课程在教科书编排上渗透了大量的数学史内容，相对以往的教科书来说更加丰富广泛，更有利于教师深层次地发掘和加工教科书，为增强课堂教学的趣味性和激发学生兴趣提供了新契机。同时也提醒我们高中数学教师在日常教学过程中，应更加注重融入数学史。让学生感受数学不仅是一门单纯的科学，它作为一种文化，更是自身成长中所必须具备的素质之一。如表 5 – 5 – 1、表 5 – 5 – 2 所示。

表 5 – 5 – 1　必修 1 至必修 5 中出现的有关数学文化内容的统计结果

必修模块	与数学文化有关的内容				有关美学价值的内容	总计
	数学家生平	对数学发展产生重大影响的历史事件	中国数学发展史中的杰出成果	艺术中的数学		
必修 1	0	4	0	0	0	4
必修 2	1	4	1	3	0	9
必修 3	2	7	4	0	0	13
必修 4	0	3	0	1	0	4
必修 5	1	4	1	0	6	12
总计	4	22	6	4	6	42

表5-5-2　高中数学内容从类别模块看出现的有关数学文化内容的统计结果

课本	章节内容	页码	数学史内容	备注
必修1	第一章　集合	P16	康托与集合论	阅读资料
	第二章　函数	无	无	无
	第三章　指数函数和对数函数	P104	历史上数学计算方面的"三大发明"	阅读教材
	第四章　函数应用	P131	《函数与中学数学》	阅读教材
必修2	第一章　立体几何初步	P50	《蜜蜂是对的》	阅读教材
	第二章　解析几何初步	P94	《笛卡尔与解析几何》	阅读教材
必修3	第一章　统计	P11	《选举的预测》	阅读教材
	第一章　统计	P44	《随机抽样》	小资料
	第一章　统计	P72	《统计小史》	阅读教材
	第二章　算法初步	P88	例4 "韩信点兵" 问题	例题
	第二章　算法初步	P91	伽罗瓦的生平	注释
	第二章　算法初步	P94	物不知数	阅读教材
	第二章　算法初步	P115	《美索不达米亚人的开方算法》	阅读教材
	第二章　算法初步	P143	C组第2题 "百鸡问题"	习题
	第三章　概率	无	无	无
必修4	第一章　三角函数	P12	欧拉与弧度制	说明
	第一章　三角函数	P68	《数学与音乐》	阅读教材
	第二章　平面向量	P118	《向量与中学数学》	阅读教材
必修5	第一章　数列	P15	高斯	图片
	第二章　解三角形	P16	例8	例题
	第二章　解三角形	P51	《海伦公式与秦九昭三科求职公式》	小资料
	第三章　不等式	P93	介绍数学家赵爽	小资料
	第三章　不等式	P109	《人的潜能——Dantzing的故事》	阅读教材

第六节　高中数学教学中融入数学史 教学的案例分析

一、定理证明中融入数学史，深刻地认识问题

【案例一】数学归纳法

1. 引入定义

由日常生活的迟到实例引入推理方法——完全归纳法和不完全归纳法，因为不完全归纳法归纳出来的结论不一定正确，为了证明这一结论的正确性需要引入数学归纳法。

数学归纳法是证明与自然数有关的数学命题的一种方法。

其步骤是：

（1）验证 $n = n_0$ 命题成立（递推基础）。

（2）假设 $n = k$ 命题成立，根据假设证明 $n = k + 1$ 时命题成立（归纳假设）。

2. 原理解释

命题当 $n = n_0$ 成立时，由（2）可知 $n = n + 1$ 时命题也成立；进而会有 $n = n_0 + 1 = n_0 + 2$ 时命题也成立，这样一直递推下去可知，对于一切大于 n_0 的整数 n 的命题都成立。

因为学生以前并没有接触过这样的证明思路，所以虽然觉得如此证明感觉并没错，但心里还是会有疑问：涉及无穷数目的命题难道用有限的两步就足够了？探索提问：这样递推下去到底是有限过程还是无限过程？

要想搞清楚无穷性命题是否得以证明，就需要明确无限命题中的无限与完成的辩证关系及其意义。这是自然引入数学史中的皮亚诺自然公理。

皮亚诺的自然数公理又称皮亚诺的自然数公设，其内容：

（1）是自然数。

（2）每一个自然数 a，都有一个后继数 a'，a' 也是自然数。

（3）若 b，c 都是 a 的后继数，则 $b=c$。

（4）1 不是任何自然数的后继数。

（5）对于自然数的命题，如果它对自然数 1 是真的，假设它对自然数 n 为真时，可以证明它对 $n+1$ 也真，则命题对所有自然数都为真。

在皮亚诺的自然数公理的支撑下，发现无穷数的命题数学也可通过有限步骤证明来完成，从而得到对所有自然数都成立的证明。数学归纳法才能毫无疑问地成为用来证明与自然数相关的数学命题的一种方法。它是高中阶段用有限步骤证明无限命题的可行方法。

3. 设计意图

皮亚诺公理的引入为数学归纳法的深入理解提供了理论支撑，让学生心服口服，清晰分明地获取知识，特别有利于学生接受理解并掌握记忆知识。

4. 实践教学效果

在介绍数学归纳法的过程中，通过融入皮亚诺公理的教学实践，发现学生对数学归纳法的实质理解非常深刻，在证明与自然数有关的命题时，方向清晰，步骤明确。结果证明，对于学生而言，无论在获取知识还是掌握记忆方面都有很大帮助。

二、推导公式中融入数学史，感受数学史的辉煌

【案例二】 等比数列的前 n 项和

1. 问题情境

引入一个传说：从前有个大臣发明象棋，国王为奖赏大臣，满足大臣一个心愿，大臣说要麦粒，在象棋盘的格中放麦粒，第一个格放 1 粒，第二个格放 2 粒，以此类推，直到第六十四格。国王大笑容易。同学们，国王能满足大臣的要求吗？按照大臣的说法棋盘上应共放多少麦粒？

学生很快发现，棋盘每格里所放的麦粒数为 1，2，4，8，16，……这样就构成了我们前面学的等比数列。要想知道棋盘中共放多少麦粒，即是要求该数

列的前 64 项和。那么，这个等比数列的前 64 项和是多少，如何计算呢？

2. 探究发现

等比数列：1，2，4，8，16，$\cdots$，2^{63} 的和为 $S_n = 1 + 2 + 4 + \cdots + 2^{63}$，由等比数列的知识发现任一项总是前一项的 2 倍，所以在等式两边同时乘以 2，得 $2S_n = 2 + 4 + 8 + \cdots + 2^{63} + 2^{64}$。

两式相减得 $S_{64} = 2S_{64} - S_{64} = 2^{64} - 1 \approx 18446744073709600000$。看着这庞大的数据，学生都惊叹这位大臣的智慧和国王的浅薄，想成为像大臣一样的人，加大了学生求知的欲望，引发学生探索兴趣。

经过学生讨论，得出等比数列前 n 项和的方法和公式：

设等比数列 $\{a_n\}$ 的首项为 a_1，公比为 q，则其前 n 项和为 $S_n = \dfrac{a_1(1-q^n)}{1-q}$ $(q \neq 1)$.

证明方法：如果记 $S_n = a_1 + a_1q + a_1q^2 + \cdots + a_1q^{n-1}$.

那么，$qS_n = a_1q + a_1q^2 + \cdots + a_1q^{n-1} + a_1q^n$.

将两式相减，就立即有 $(1-q)S_n = a_1 - a_1q^n$.

如果 $q \neq 1$，则有 $S_n = \dfrac{a_1(1-q^n)}{1-q}$.

思考：在上述公式要求 $q \neq 1$，那么等比数列的公比 $q = 1$，数列形式是如何变化又如何求它的前 n 项和呢？

学生们马上得出结果：$a_1 = a_2 = a_3 = \cdots = a_{n-1} = a_n$（设为 a）。这一数列的每一项都相同，我们称之为常数数列，它的前 n 项和 $S_n = na$.

3. 引入数学史知识进行前 n 项和公式证明

介绍欧几里得《几何原本》，给出等比数列的前 n 项和公式的另一种推导方法。

设等比数列 a_1，a_2，a_3，$\cdots$，a_n，$\cdots$ 公比为 q $(q \neq 1)$，根据等比数列的定义我们有：$\dfrac{a_2}{a_1} = \dfrac{a_3}{a_2} = \dfrac{a_4}{a_3} = \cdots = \dfrac{a_n}{a_{n-1}} = q$.

再由合比定理，则得 $\dfrac{a_2 + a_3 + a_4 + \cdots + a_n}{a_1 + a_2 + a_3 + \cdots + a_{n-1}} = q$.

即 $\dfrac{S_n - a_1}{S_n - a_n} = q$.

从而就有 $(1-q)S_n = a_1 - a_nq$，则有 $S_n = \dfrac{a_1(1-q^n)}{1-q}$ $(q \neq 1)$．

因此，我们得到了等比数列的前 n 项和公式：$S_n = \begin{cases} na_1, & q=1, \\ \dfrac{a_1(1-q^n)}{1-q} = \dfrac{a_1 - a_nq}{1-q}, & q \neq 1. \end{cases}$

4. 课堂练习

前 n 项中包含首项 a_1，末项 a_1，公比 q，前 n 项和 S_n 以及项数 n 这五个量，解题过程中一般可知三求二。

例 1：利用等比数列求和公式解一些简单的有关知三求二的问题。

练习：《九章算数》中记载这样一个问题："今有女善织，日自倍，五日织五尺，问日织几何？"

解析：这是一个利用等比数列求和公式练习知三求二的问题。利用我国古代《九章算数》中记载的题目作为事例练习，让学生感受数学知识在实际生活中的应用。

5. 设计意图

引入阶段运用古典故事引入，用宽松愉快的课堂氛围解决等比数列求和方法和求和公式。由问题情境引导学生讨论得出公式的推导思路，而不是直接介绍"错位相消法"得出求和公式，这样在解决问题中就避免了强硬的灌输式手段，顺应学生的发展思维模式，问题的呈现并不像波利亚所说的"帽子里跳出来的兔子"，让学生感觉唐突所以导致记忆不深刻。再通过融入数学史的知识，介绍欧几里得的《几何原本》中如何利用合分比定理证明等比数列求和公式，整合等比数列求和的证明思路，锻炼学生的发散思维，促进学生对数学公式的理解和掌握。在教学中采用以问题驱动启发学生发现规律再结合数学史知识强化数学知识和思想方法，这样既使得知识呈现不显突兀又使得学生感受文理兼容的乐趣，易于接受知识记忆公式。

本案例的设计可以让学生自己去体会数学史中的思想方法和这些思想方法对现在数学学习的价值，这样的融会贯通可以引发学生学习数学的兴趣及学习数学的动力。

6. 实践教学效果

等比数列求和方法，除了错位相减法，介绍《几何原本》中利用合比定律的推导方法，在上课时学生们就唏嘘不已，都在议论我国过去的辉煌数学。焕发了学生身为现代娇子所应肩负的使命与责任，不仅让学生掌握方法，记忆公式，更是让他们感受数学史的辉煌，从而对数学充满兴趣。

三、概念引入中融入数学史，感受事物产生的条件、根源和本质

【案例三】 对数

对数函数在高中数学教科书中是函数部分的重要内容，但高中数学教科书中却只停留在有指数的逆运算引出来的概念、运算法则和函数图像性质的应用等方面，并没有从对数的产生发现、发展进程和实际意义等方面对其进行全面教学。当然对于学生而言，对对数的认知也只停留在表面，只能知其然却不知其所以然。具体讲，就是大家很少考虑对数内容的推广应用，只要能满足今天的使用便万事大吉，对能否适应以后需要便不予考虑。鉴于此，探讨对数概念的引入融入数学史的案例，编写以下教学设计。

1. 创设情景，激发想象，引入史料

背景材料：在 2011 年国民生产总值 a 万元，如果每年平均增长 12%，那么经过多少年国民生产总值能翻番？学生能很快列出相应关系式，如何解这个关系式？

为了解决上述问题，给出对数的定义，通过对对数定义的简单叙述，学生很快明白上述关系式的解法。

2. 问题提出

从定义看出，对数运算虽然是指数运算的逆运算，但历史的发展轨迹中并不是先有指数后有对数，而是为了处理当时的天文界中大量的数据运算而发现的，也就是说对数能使运算简化，对数是如何做到的呢？引入推导对数的运算法则，教师发放材料，引入史料。

学生讨论并动手推导对数的运算思路，猜想并证明对数的运算性质。

教师：这种算法就是苏格兰数学家纳皮尔发现的，这个发现被誉为能缩短天文学家寿命的发现。纳皮尔的发现实际就是现代数学中对数运算性质的思想了。

进而介绍对数发明的背景和历程。

16 世纪前半叶，天文界、航海界遇到了繁杂数值计算，对计算技术的改进

提出了前所未有的要求。由于实际生活的迫切需要，为了解决巨大数据计算的问题，苏格兰数学家纳皮尔发明了对数，并于 1614 年在他的《奇妙的对数定理说明书》中对对数进行了阐述。后来英国数学家布里格斯意识到对数的应用价值，于是他们合作改成现在所学的常用对数。但中间还空缺一部分，后来在一位荷兰的出版者兼书商的帮助下完善成现在的常用对数表。

3. 设计意图

在对数的学习中，通过融入对数产生的时代背景、发展历程和实际应用等数学史内容，使学生意识到对数是社会发展需要的产物、理解数学源于实际又用于实际的本质特征；体会数学作为一种文化与社会发展的关系；认识到数学的应用价值及与其他学科的密切联系。强调对数的出现先于指数概念，可以让学生不只局限于认为对数是指数的逆运算，更应该深刻体会数学发展的历史足迹，激发学生探索新发现和探求真理的治学精神。

引入纳皮尔的两组数据，让学生发现内在联系，导出并明确对数的运算性质，而不是仅仅停留在死记硬背公式层面，更是发现真理的思维方式。

4. 实践教学效果

在对数概念中引入对数产生、发展背景，推导对数的运算性质中融入纳皮尔对两组数据的处理方法。学生在上课时就表现出极大的兴趣，积极讨论这两组数据的关系，然后通过这两组数据的关系总结对数的运算性质。学生的思维一直处于兴奋状态，在后来的课堂练习中显示出学生对对数运算性质记忆深刻，运用起来也灵活自如。

【案例四】 概率统计

概率统计的核心思想是隐藏在随机现象背后的统计规律性，强调随机实验所具有的偶然性与大量实验的统计规律性之间的联系。

1. 引入史料

众所周知，现实生活中的随机现象在一定条件下总会呈现一定的规律性，历史上为研究随机现象中蕴含的统计规律性，科学家们都进行了很多著名的试验，如蒲丰、皮尔逊的掷硬币试验，在投掷一次硬币时，结果是正面向上或反面向上，如果进行大量的投掷，正面朝上的概率和反面向上的概率几乎一样，即正面朝上和反面向上的理论概率均为 1/2，把这种个别实验结果的不确定性，在经过大量重复实验后，结果呈现出规律性的现象称为随机现象。概率统计就是描述随机性和统计规律性的数学。

再比如，著名数学家拉普拉斯也曾对伦敦、法国、柏林和彼得堡的男女婴出生规律进行统计研究，统计结果显示：10 年间，男孩出生率与女孩的出生率几乎各占一半。而我国历次的人口普查中，也发现总人口的性别数据，与拉普拉斯所得结果是惊人的一致。这样我们发现，经过大量重复试验后得到的统计规律又可用于估计无限总体中去。得出结论：在样本估计总体的学习中，虽然样本的抽取具有很大的随机性，但只要抽样的过程与方法比较合理，通过对具体数据的分析，便可得到样本数据从某种程度上反映了总体的有关特征，虽然与总体之间还是有一定偏差，但样本的信息还是可以比较好地反映总体信息的。

扩充史料： 科学家还发现，在大自然中，生物的进化同样服从概率统计规律。捷克修道士孟德尔在 1843 年揭示了大自然生殖的奥秘。他发现的生物在繁殖过程中的随机组合定律即"分离规律"和组合过程中概率相等即"自由组合规律"，从根本上讲也是概率统计规律在遗传过程中的具体体现。

2. 设计意图

利用数学家们的人口普查统计结果告诉学生概率统计是随机中蕴藏了规律的数学，启发学生任何结论的得到其实都源于实际生活，在实际生活中发现数学的乐趣。有了孟德尔发现的融入，让学生明白任何知识都不是孤立存在，所有学科都融会贯通，生物学中生命的繁衍和进化等都是数学中概率统计这个知识的具体体现。所以学好数学对社会生活的影响意义重大。

3. 实践教学效果

概率统计中扩充史料孟德尔自由组合定律，学生很激动地说出第一代与第二代所出现的遗传结果及概率，并感叹生物所学的遗传概率就是数学中统计概率的体现。效果显示学生学的不是死板的数学，而是伴随生活左右的活生生的数学，理论与实际相结合让学生对概率的理解更加深刻。

【案例五】 数系的扩充

1. 运用史料来介绍数系的扩充

人类在很早以前就具备了"识数"的本领。正如在《周易》中记载："上古结绳而治，后世圣人，易之以书契。"至东汉时的郑玄则称："事大，大结其绳；事小，小结其绳。结之多少，随物众寡。"世界各地也被广泛应用了结绳和书契的记数方法，如波斯、希腊和罗马等国家就都有文献记载和实物标本。盈利与亏损、收入和支出、增加与减少都是生活中有关负数概念的实例，人们利用这种具有相反意义的量的引进并认识了负数。原始分数的概念也是源于对量的分割。如《说文·八部》中对"分"的解释："分，别也。从八从刀，刀以分别物也。"

通过史料说明数的发展是由整数扩充到负数，由整数扩充到分数，在谈到无理数的发现时，有的学生也产生共鸣"无理数的发现带来了第一次数学危机，还有一个数学家为此而献身了。"毕达哥拉斯学派所说的数，原来仅指整数，他们认为分数是两个整数之间的比。他们的信条是宇宙间的一切现象都能归结为整数或整数之比。而毕达哥拉斯的学生希伯索斯却发现了边长为 1 的正方形的对角线并不能用整数比来表达，这个发现导致了数学史上的第一次危机，从而引进新数建立了无理数的概念，扩大了数域，为数学的发展作出卓越的贡献。可由于希伯索斯坚持真理，他被扔进大海，为此献出了宝贵的生命。

卡尔丹（Cardano）于 1545 年引入复数概念以后，直到 1837 年哈密顿（Hamilton）用有序实数对 (a, b) 定义了复数及其运算，并说明复数满足实数的运算规律，把实数看成特殊的复数，进而建立起了完整的复数系，前后历经约 300 年的努力，数系是从实数系向复数系的扩充才大功告成。这说明：我们在学习中碰到困难在所难免，只要我们努力学习，一定能克服困难，取得优良的成绩。

2. 设计意图

对于数系的扩充，融入数学史，成为学生认识数学和理解数学的一种途径。通过史上介绍数的来源及发展经历，就能使数学活起来，让学生自然感受负数在实数界不能开方的困扰，进而要求数系必须扩充。也能让学生的学习更富有趣味性和探索意义，培养学生的探索精神，极大地调动学生的积极性，提高他们学习数学的兴趣。

数学任何体系的形成都要经历漫长的过程，在此期间的困难、挫折都是在所难免的，今天的成就甚至是以献出生命为代价换来的。让学生明白，数学家经过长时间的努力探究才建立起来的数学体系，要彻底弄懂是实属不易的，在学习过程中碰到困苦挫败都不足为奇，这从一定程度上也能减轻学生学不懂数学的焦虑感。

3. 实践教学效果

通过扩充数系的发展史，正好将学生从小学到高中所学的数及数的发展背景与过程作了完整的诠释，教学效果显示学生不仅明白了实数扩充为复数的原因，而且对掌握复数的有关运算也轻松容易。

第六章

核心素养下的高中数学概念教学

章建跃博士指出：数学根本上是教概念的，数学教师是玩概念的。数学概念是数学知识的"细胞"，是进行逻辑思维的第一要素。一切数学规则的研究、表达与应用都离不开数学概念。数学概念是构成高中数学"四基""四能"教学的重要内容，又是数学学习的核心所在。概念课是中学数学教学中的一种主要课型，数学概念教学是数学课堂教学最重要的环节之一。因此，上好概念课对于提高教学质量、发展学生数学核心素养有着举足轻重的作用。

第一节　概念的界定

一、数学概念

所谓概念是人们对事物本质的认识，是逻辑思维的最基本的单元和形式。数学概念则是人脑对各种现实中的数量关系以及空间中各种形式的数学特征的一种反映，也是一种数学思维形式。它是在人类历史发展过程中，逐步形成和发展的。

一般来说，数学概念是运用定义的形式来揭露一些问题的数学本质。数学定义是一种准确表达数学概念的方式：有些是通过数学符号来表示概念，如微积分；有些是通过图形来表示概念，如函数 $f(x) = x^2$ 的零点；有些概念本身就是图形，如圆锥曲线、平行六面体等。

表 6 - 1 - 1　普通高中课程标准试验教科书数学概念统计表

册数	概念涉及类型	数量（个）
必修 1	集合	13
	函数	29
	函数的方程与根	2
必修 2	多面体与球	30
	空间的点，线，面	12
	直线与圆	9
	空间直角坐标系	4

续 表

册数	概念涉及类型	数量（个）
必修 3	算法初步	14
	统计	14
	概率	14
必修 4	三角函数	20
	平面向量	17
	三角恒等变化	3
必修 5	数列	14
	不等式	7

在数学知识的表达中，数学概念是构成定理、法则、公式的基础，这些又共同构成了用于阐述对数学问题的判断与推理。记住并理解数学概念，才能灵活运用数学概念，同时也是进一步学习数学知识以及运算技能、形成逻辑推理和空间想象能力的必要准备。

二、高中数学概念教学

高中数学概念教学是指以高中的数学概念为主要内容的教学。随着对建构主义思想和认知理论的学习，以及新课改的实施，对于高中数学概念教学应该分为两个部分，即概念形成阶段的教学和概念应用阶段的教学。这两个阶段应是相辅相成的，即概念的形成是概念应用的基础，而概念的应用既是对概念是否形成的判断，也是对概念形成的完善。

三、高中数学概念形成过程

（1）对于陈述性概念而言，概念形成过程如图 6-1-1 所示。

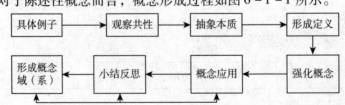

图 6-1-1 陈述性概念形成过程

（2）对于程序性概念而言，概念形成过程如图 6 - 1 - 2 所示。

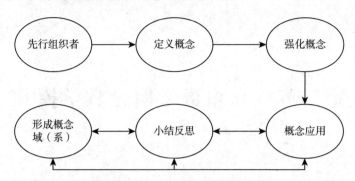

图 6 - 1 - 2　程序性概念形成过程

第二节　高中数学概念教学模式

一、高中数学概念教学建构主义教学设计模式

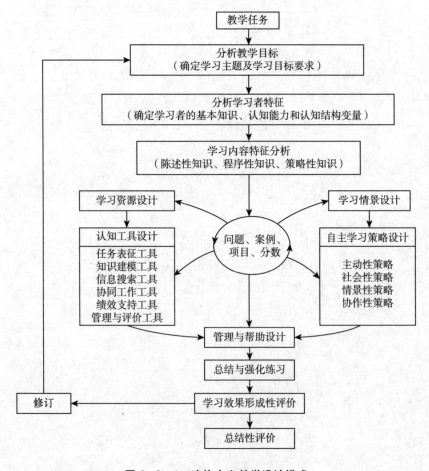

图 6 - 2 - 1　建构主义教学设计模式

　　建构主义教学设计模式以教学任务的分析为开端，按照一定的顺序进行教学目标、学习者、学习内容的分析，接着分析具体内容、资源、情景，最后形成评价。从图 6-2-1 中亦可看到，该模式是循环的，若是学习效果不佳，说明教学设计需要修改。

　　分析教学目标即确定学习主题及学习目标要求。首先，明确教学目标的设计是在为学生立标，即站在学生的高度立标。其次，制定有弹性的、可变化的教学目标，要与知识本身的逻辑特征紧密结合。最后，要设置真实的学习情境，只有这样，学生对学习内容的实用性才能有明确的认识，更乐于学习，提高学习效率。

　　学习者即学生，受现实条件约束，我们往往分析的是学生群体共同的特征，如高一年级学生数学的认知基础、数学认知能力，性格、兴趣、意志和情感等方面的共性，这些特征往往又与教育心理学的研究成果类似。

　　学习内容是教学目标的知识载体，是教学设计的关键环节，如我们在进行数学概念教学设计时，教师首先要对数学概念的历史渊源、概念定义的方式、概念的内容、概念的性质，甚至概念的命名都有自己深刻的理解，这样在教学时才能从多角度揭示概念的内涵。

　　自主学习策略的目的是充分发挥学生的主观能动性，让学生自主学习。

　　在建构主义设计的学习过程中，学习者是学习的主体，但是对教师的指导作用也给予了足够的重视，在不同的情况下，教师都具有控制、帮助、管理和指导学习者的职责义务。教师是教学过程中极为重要的一环，起到了过程指导者、组织者以及意义建构的促进者、帮助者的作用。

　　教学评价是整个教学过程中极为重要的一环，包括形成性评价和总结性评价，是对整个教学过程的成败得失作出评价，从而可以更好地指导以后的教学。形成性评价是在教学过程中始终进行的评价，注重过程。而建构主义所说的考试、考核与以往主要的不同点在于，它更注重学生个人解决实际问题的能力。总结性评价强调的是结果，通过对被评价者作出准确的鉴定，区分出等级，并对整个教学活动的效果作出最终的评定。在正常的教学过程中的评价主要是形成性评价，对于提高整个教学过程质量而言，形成性评价比总结性评价更具实际意义。

二、高中数学概念形成获得方式下的概念教学模式

高中数学概念形成获得方式下的教学模式，简称"概念形成模式"。概念形成模式一般针对新概念的获得，是对现实对象或关系直接抽象而成的情况。该模式下的操作流程如图 6 – 2 – 2 所示。

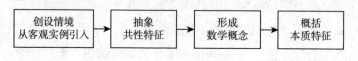

图 6 – 2 – 2　概念形成模式

三、高中数学概念同化获得方式下的概念教学模式

高中数学概念同化获得方式下的教学模式，简称"概念同化模式"。概念同化模式一般针对新概念的获得，是基于数学逻辑建构形成时的情况。该模式的操作流程如图 6 – 2 – 3 所示。

图 6 – 2 – 3　概念同化模式

第三节　高中数学概念教学策略

一、概念的引入——设置恰当的情境

在概念的引入部分，依据概念的产生方式，设置恰当的情境，新概念的学习则可以是大胆的，充满兴趣的。

（1）一些数学概念与已经学习过的概念有相关性，可以从旧知的复习中提出问题而引入新的概念。通过旧知的复习，让学生在一个熟悉的环境中，产生新的思考。

如：等比数列的概念与等差数列的概念有一定的相关性。学生们通过等差数列的学习，对发现数列的特殊规律的方法和如何对这类数列下定义都有了一定的感知，在这个基础上，教师如果在引入时先有对等差数列概念的复习，无疑给学生创造了一个熟悉的学习环境。这时再给出数列：1，2，4，8，16，32，…；$\frac{1}{2}$，$\frac{1}{4}$，$\frac{1}{8}$，$\frac{1}{16}$，…；1，3，9，27，81，243，…让学生探寻这些数列的规律时，学生便能很容易地试探每两个前后数之间的差、和、积、商有无关联，进而探寻出等比的特征，并根据等差数列的概念形成等比数列的概念。

（2）有些数学概念源于实际生产、生活的需要，可以介绍一些生活中的数学问题，或是数学史、数学文化，让学生从客观世界中体验数学概念的产生来源，既亲切，又了解到学习的必要性。

如：函数概念的产生和完善经历了很长的一个时期。了解函数概念的发展历程，可以加深学生对函数概念的学习。函数概念产生之初是科学家们对运动中两个变量之间关系的研究，这种变量形式的函数概念描述在初中阶段学生就已经接触过了。为何到高中又要重提函数的概念呢？就是因为它的不完善。随着集合概念的出现，函数的概念有了更加严谨、精确的表述。学生通过对函数概念发展史的了解，既熟悉了函数的概念的本质，又掌握了函数概念的准确表达。

二、概念的理解——方式灵活多样

（一）注重概念的内涵和外延的充分揭示使学生深刻理解概念

数学概念是对现实世界空间形式与数量关系本质属性的高度抽象后的精准表述，构成数学概念的重要部分是它的内涵和外延。内涵反映了数学对象的本质属性，外延是数学概念所反映的对象的全体，充分地揭示数学概念的内涵和外延有助于加深对概念的理解。

如：函数零点的概念为：对于函数 $y=f(x)$，我们把使 $f(x)=0$ 的实数 x 叫作函数 $y=f(x)$ 的零点。对于这个概念的理解给出以下的问题：

① "零点"是否是"点"？

② 是否所有的函数都有零点？

③ $y=f(x)$ 的零点，$f(x)=0$ 的实数根，$y=f(x)$ 的图像与 x 轴交点的横坐标这三者之间有何关系？

④ 方程 $f(x)=0$ 有实数根，则函数 $y=f(x)$ 的图像与 x 轴必有交点，则函数 $y=f(x)$ 必有零点，这个说法正确吗？

通过这些问题的设置，从一定程度上引导和帮助学生更好地理解概念。还应该注意，概念的理解是一个循序渐进的过程，而这个过程恰恰反映了人类认识问题由浅到深、由特殊到一般、由粗疏到精准的过程，学生认知也应符合这一规律，所以在概念教学中对一个概念的理解不可能做到一步到位。教师在讲解概念的过程中应当引导学生尽可能通过不断地思考、总结，完善对概念的认知。

（二）注重抽象概念的直观表达使学生更好地理解概念

高中数学概念的抽象性是使得学生学习困难的主要因素之一，降低抽象性的最好方法即是直观化这些概念。直观化的方式是多样的，可以是借助一些实际的例子，可以是借助图形，可以是借助事物模型，还可以利用多媒体工具等，几乎所有的学生都觉得教师使用实物、模型、教具、多媒体等教辅工具对他们理解数学概念有帮助。

如：函数的单调性的概念，如果直接给出，学生不容易理解。于是在教学中作如下的设计：首先，给出生活中描述上升或下降的变化规律的一些成语，如：蒸蒸日上、每况愈下、波澜起伏。请学生由这些词语分别列举相应的函数，并且绘制出对应的函数图像。然后，观察学生绘制的函数的图像，提出函数单调性的概念。

（三）重视概念的口头表述帮助学生记忆概念

检验概念是否内化除了能够灵活应用概念外，还应包括能够准确地表达概念，当然不是指死记硬背。要能够准确表达概念，首先需要在知识接受的过程中抓住概念中的关键词句，反复推敲，并融合个人对数学语言、符号的认识，总结、形成、内化概念。

如：函数的概念中，集合 A 中的"任意"和集合 B 中的"唯一"B，以及"对应"都是概念中的关键词，抓住这三个关键词，就能完成对函数概念的基本叙述，理解这三个关键词，也就掌握了函数概念的精髓。在函数概念的学习过程中，添加以下的教学章节也能加深概念的理解。

首先，请学生阅读教科书中的实例 1，实例 2，实例 3 并回答以下的问题：

（1）实例 1 中，你能得出炮弹飞行 1s，5s，10s 时距离地面多高吗？其中 t 的变化范围是多少？

（2）实例 2 中，你能从图中看出哪一年臭氧面积最大吗？哪一年的臭氧面积约为 1500 万平方千米？其中 t 的取值范围是什么？

（3）实例 3 中，恩格尔系数与时间之间的关系是否和前两个实例中的两个变量之间的关系相似？如何用集合与对应词语来描述这个关系？

问题设置的目的： 通过实例，发现共同特征以及变量之间特殊的依赖关系，为函数概念的给出作好铺垫。

其次，总结三个实例共同的特点：都涉及两个数集，两个数集关系都是一种确定的对应关系，即对于每一个 x 都有唯一确定的 y 与之对应。

最后，教师引导学生说出函数的概念。

教师：确定函数需要哪些条件？

学生：两个数集和一个确定的对应关系。

教师：怎样的对应关系？

学生：数集 A 中的任意一个 x 在数集 B 都有唯一确定的 y 与之对应。

教师：你能完整叙述一下什么是函数吗？

学生：设 A、B 是非空的数集，如果按照某种确定的对应关系，使对于集合 A 中的任意一个数 x，在集合 B 中都有唯一确定的数 y 和它对应，这样的对应就是函数。

这样函数概念的关键通过学生的叙述就已经基本理解了。强调概念的规范和准确地表达，讲数学的严谨性，讲数学表达的规范性，这些都会使学生在学习过程中既体会到数学学科特点，加深了对概念的理解，同时也使学生容易记住概念。

（四）把握概念应用的阶段和难度使学生概念学习循序渐进

对概念的理解不可能一步到位，从对概念的认知的初步形成到真正概念的完善和固化需要对学生进行不断地强化训练。这样的训练，通过对概念的应用使学生不断的感受，随着认知的不断完善，应用也应由浅入深，循序渐进。所以在教学设计中对概念的应用进行分层是有必要的。

如：当任意角的三角函数的概念给出后应是先利用这个概念计算一些特殊角的三角函数值，熟悉任意角的三角函数的概念，然后再让学生判断一些非特殊角的三角函数值的符号，最后可以给出一些较为灵活或是复合的应用。

① 求 $\dfrac{5\pi}{3}$ 的正弦，余弦和正切值。

② 请根据任意角三角函数的定义，先将正弦、余弦、正切函数在弧度制下的定义域填入表 6 - 3 - 1 中，再将这三种函数的值在各个象限的符号填入图 6 - 3 - 1 中。

表 6 - 3 - 1

三角函数	定义域
$\sin\alpha$	
$\cos\alpha$	
$\tan\alpha$	

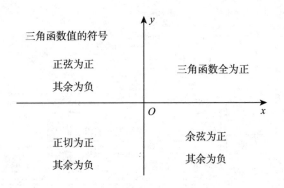

I 全正，Ⅱ 正弦，Ⅲ 正切，Ⅳ 余弦

图 6 – 3 – 1

③ 判断下列各式的符号：

α 是第二象限角；$\sin\alpha \cdot \cos\alpha$；$\sin3 \cdot \cos4$。

设置有梯度的练习，可以降低学生在学习过程中的挫败感，同时调动学生参与学习的积极性，使学习的效果最大化。

三、概念的巩固阶段——提供适当方法建构知识体系

众所周知，多作总结是学好数学的关键之一，然而当前教学中只有很少一部分学生有作总结的习惯，绝大部分学生仅关注对错题的总结，很少有学生关注数学概念是否真正弄清楚了，概念的体系是否建立了，这恰是概念巩固阶段的重要环节，但又需要学生自主进行。

以函数这章的概念为例，涉及的概念近 30 个，在学完这些概念后，可引导学生绘制树状图式，如图 6 – 3 – 2 所示。

通过图示，给学生以示范。如何厘清概念间的从属关系，从而使头脑中概念彼此不再混杂，也容易发现自己在哪些概念上出了问题。

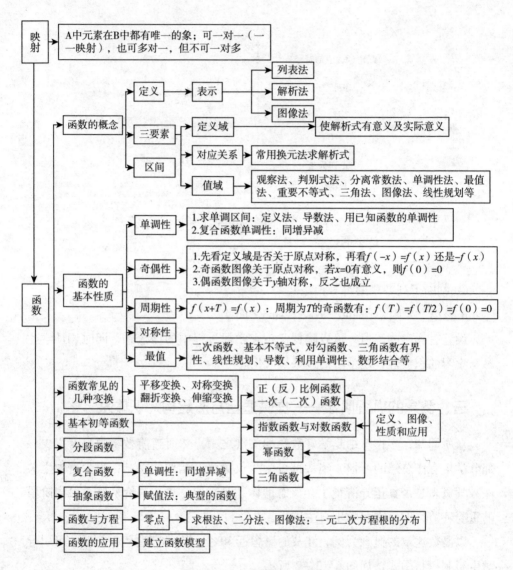

图 6 - 3 - 2　函数概念思维导图

第四节 高中数学概念教学课例评析

课题名称：方程的根与函数的零点

一、教学设计

1. 教学内容解析

（1）教材地位："方程的根与函数的零点"是北师大版《数学1》（必修）第三章第3.1.1节的教学内容。本小节通过判断一元二次方程根的存在性以及根的个数，建立起一元二次方程的根与二次函数的联系，并推广到一般方程与函数的情形，让学生了解函数的零点与方程的根的关系以及掌握函数在某个区间上存在零点的判定方法，为"二分法求方程的近似解"和后续学习提供认知基础。因此，本节课的内容具有承上启下的作用，对学生感悟"由特殊到一般"和"函数与方程"等数学思想具有十分重要的教学价值。

（2）教学任务：了解函数的零点的概念，理解函数的零点存在性定理，让学生经历从特殊到一般、从直观到抽象的数学思维过程。

（3）教学重点：建构函数的零点与方程的根的联系，理解函数的零点存在性定理。

（4）教学难点：理解函数的零点存在性定理。

2. 学生学情分析

从知识基础来看：在初中阶段，学生对一元二次方程、二次函数已有初步认识，对一元二次方程根的存在性也已熟悉。高一开学以来，学生学习了指数函数、对数函数和幂函数的图像与性质，会画简单函数的图像，能够通过图像去研究函数性质，对函数思想已有进一步的认识，为函数的应用提供了知识基础。

从认知基础来看：在初中阶段，通过函数的学习，学生已初步了解用图像法求方程的近似解，但却无法保证这个近似解达到一定的精确度；通过方程的学习，学生对一元一次方程、一元二次方程的根与一次函数、二次函数的联系已有一定认识，初步具备用所学函数知识解决方程问题的认知基础，但用函数观点研究方程问题的认知结构尚待进一步建构与完善。

3. 教学目标设置

基于教学内容解析和学生学情分析，本节课的教学目标分解如下：

（1）在探索方程的根与函数零点的关系中，建构函数零点的概念，提升学生的数学抽象与数学建模素养。

（2）在探索函数的零点存在性定理过程中，理解函数的零点存在性定理，提升学生的直观想象素养。

（3）在函数的零点存在性定理的运用中，感悟函数与方程思想，提升学生的逻辑推理与运算求解素养。

4. 教学策略选择

本章主要采用问题驱动、过程展示、变式探究、文化熏陶等教学策略。

教学流程，如图 6 - 4 - 1 所示。

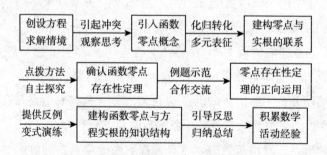

图 6 - 4 - 1　教学流程

5. 教学过程设计

（1）创设方程求解情境，引入函数零点概念。

问题 1：方程 $x^3 - 8 = 0$ 有解吗？若有，解是多少？函数 $f(x) = x^3 - 8$ 有何图像特征？

设计意图：基于学生现有水平，提供先行组织者，指明研究方法。

问题 2：方程 $x^5 - 3x + 1 = 0$ 有实数根吗？

设计意图：引起认知冲突，激发学习欲望，简介方程求解历程。

问题3：会画函数 $y = x^2 - 2x - 3$，$y = x^2 - 2x + 1$，$y = x^2 - 2x + 3$ 的图像吗？观察这三个函数图像，你能得出何种结论？一般地，二次函数与其对应的一元二次方程之间有何联系？

设计意图：引导学生直观感知，从特殊到一般，得出一元二次方程的根与对应的一元二次函数的图像和 x 轴交点坐标的关系，提升学生的直观想象和数学抽象素养。

问题4：能将二次函数与一元二次方程之间的联系推广到一般情形吗？能用函数观点来处理方程问题吗？

设计意图：引入函数的零点的概念，提升学生的数学抽象与数学建模素养。

（2）多元表征函数零点的概念，建构函数零点与方程实根的联系。

问题5：函数 $f(x) = x^3 - 2x^2 - 3x$ 有零点吗？若有零点，有几个零点？

设计意图：运用函数零点概念解题，提升学生的数学运算素养。

问题6：若方程 $f(x) = 0$ 有实根，你能得出什么结论？若函数 $y = f(x)$ 有零点，你能得出什么结论？

设计意图：建构函数的零点与方程的实根之间的联系［方程 $f(x) = 0$ 有实数根，即函数 $y = f(x)$ 的图像与 x 轴有交点，即函数 $y = f(x)$ 有零点］，培养化归意识和提升学生的逻辑推理素养。

（3）观察函数图像，探究函数的零点存在性定理。

问题7：函数 $f(x) = x^2 - 2x - 3$ 在区间 $[-2, 2]$ 上的图像有何特征？计算 $f(-2) \cdot f(2)$ 的值，你能发现什么？函数 $f(x) = x^2 - 2x - 3$ 在区间 $(-2, 2)$ 内有零点吗？

设计意图：引导学生观察、发现，直观感知零点存在性定理，提升学生的直观想象素养。

问题8：会画函数 $f(x) = x^5 - 3x + 1$ 在区间 $[-1, 1]$ 上的图像吗？函数 $f(x) = x^5 - 3x + 1$ 在区间 $(-1, 1)$ 内有零点吗？计算 $f(-1) \cdot f(1)$ 的值，你能发现什么？

设计意图：引导学生观察、发现，直观感知零点存在性定理，提升学生的直观想象素养。

问题9：在何种条件下，函数 $y = f(x)$ 在区间 (a, b) 内一定有零点？

设计意图：引导学生观察、猜想，归纳出函数的零点存在性定理［如果函

数 $y=f(x)$ 在区间 $[a, b]$ 上的图像是连续不断的一条曲线，并且有 $f(a)$ $\cdot f(b) < 0$，那么，函数 $y=f(x)$ 在区间 (a, b) 内有零点，即存在 $c \in (a, b)$，使得 $f(c) = 0$，这个 c 也就是方程 $f(x) = 0$ 的根]，从而提升学生的直观想象素养。

问题10：判断下列说法是否正确，如果不正确，请举出反例。

①若函数 $y=f(x)$ 在区间 $[a, b]$ 上的图像是连续不断的曲线，则函数 $y=f(x)$ 在区间 (a, b) 内有零点。

②若函数 $y=f(x)$ 满足 $f(a) \cdot f(b) < 0$，则函数 $y=f(x)$ 在区间 (a, b) 内一定有零点。

③若函数 $y=f(x)$ 在区间 (a, b) 内有零点，则 $f(a) \cdot f(b) < 0$。

④若函数 $y=f(x)$ 在区间 $[a, b]$ 上的图像是连续不断的一条曲线，且 $f(a) \cdot f(b) < 0$，则函数 $y=f(x)$ 在区间 (a, b) 内有零点。

⑤若单调函数 $y=f(x)$ 在区间 $[a, b]$ 上的图像是连续不断的一条曲线，且 $f(a) \cdot f(b) < 0$，则函数 $y=f(x)$ 在区间 (a, b) 内有唯一零点。

设计意图： 引导学生举出反面例证，确认函数的零点存在性定理中的两个条件缺一不可，提升学生的逻辑推理素养。

（4）例题示范，运用函数零点存在性定理解题。

问题11：求函数 $f(x) = \ln x + 2x - 6$ 的零点的个数。

设计意图： 运用函数的零点存在性定理解题，提升学生的逻辑推理与数学运算素养。

（5）变式训练，理解函数的零点存在性定理。

变式1：函数 $f(x) = \lg x + 2x$ 在区间 $(\frac{1}{10}, 1)$ 内有零点吗？说明理由。

变式2：判断函数 $f(x) = e^{x-1} + 4x - 4$ 在区间 $(0, 1)$ 内是否有零点，求函数 $f(x)$ 的零点的个数。

设计意图： 在问题变式中理解函数的零点存在性定理，提升学生的逻辑推理与数学运算素养。

（6）反思总结，积累数学活动经验。

问题12：回顾上述学习过程，有何感悟？

设计意图： 建构"方程的根与函数的零点"的认知结构，培养反思能力。

二、教学实录

依据上述教学设计，我们进行了课堂操作。限于篇幅，下面仅呈现两个教学片段。

【片段1】 函数的零点概念的引入

教师：前面我们学习了指数函数、对数函数、幂函数，今天我们来学习用函数观点处理方程问题。先请回答问题：（问题1）方程 $x^3 - 8 = 0$ 有解吗？若有，解是多少？函数 $f(x) = x^3 - 8$ 有何图像特征？

学生1：方程 $x^3 - 8 = 0$ 有解，解是2。

学生2：函数 $f(x) = x^3 - 8$ 的图像单调上升，与 x 轴的交点是 $(2, 0)$。

教师：正确！由上述方程和对应函数的联系，同学们有何发现？

学生3：方程的解是对应函数与 x 轴交点的横坐标。

教师：很好！（问题2）方程 $x^5 - 3x + 1 = 0$ 有实数根吗？

学生4：五次方程，不会求解……

教师：确实困难。在数学发展史中，数学家发现了一元二次、三次、四次方程的求根公式，随后几乎所有的数学家都坚持不懈地对五次及五次以上的高次方程的求根公式进行了不懈探索。直至1824年，数学家阿贝尔证明了五次及五次以上的一元高次方程没有求根公式。但数学家用函数观点对方程的近似解进行了深入研究。

教师：（问题3）你会画函数 $y = x^2 - 2x - 3$，$y = x^2 - 2x + 1$，$y = x^2 - 2x + 3$ 的图像吗？观察这三个函数图像，你能得出何种结论？一般地，二次函数与其对应的一元二次方程之间有何联系？

学生5：会画，上述二次函数的图像与 x 轴有几个交点，对应的一元二次方程就有几个解。

学生6：并且这些二次函数与 x 轴交点的横坐标，就是其对应的一元二次方程的根。

教师：正确！（追问）一般地，二次函数与其对应的一元二次方程之间有何联系？

接下来，学生自主建立起一元二次方程的根与二次函数的图像与 x 轴交点之间的联系。

教师：（问题4）能将二次函数与其对应的一元二次方程之间的联系推广到一般情形吗？

教师：为了用函数观点来处理方程问题，我们引入函数的零点，对于函数 $y=f(x)$，我们把方程 $f(x)=0$ 的实根 x 叫作函数 $y=f(x)$ 的零点。

【片段2】探究函数的零点存在性定理

教师：（问题7）函数 $f(x)=x^2-2x-3$ 在区间 $[-2,2]$ 上的图像有何特征？计算 $f(-2)\cdot f(2)$ 的值，你能发现什么？函数 $f(x)=x^2-2x-3$ 在区间 $(-2,2)$ 内有零点吗？

学生7：函数 $f(x)=x^2-2x-3$ 在区间 $[-2,2]$ 上的图像是连续不断的一段抛物线。

学生8：$f(-2)\cdot f(2)<0$.

学生9：函数 $f(x)=x^2-2x-3$ 在区间 $(-2,2)$ 内有零点。

教师：很好！也就是说，因为函数 $f(x)=x^2-2x-3$ 在区间 $[-2,2]$ 上的图像是连续不断的一条曲线，且 $f(-2)\cdot f(2)<0$，所以函数 $f(x)=x^2-2x-3$ 在区间 $(-2,2)$ 上有零点。

教师：（问题8）你会画函数 $f(x)=x^5-3x+1$ 在区间 $[-1,1]$ 上的图像吗？函数 $f(x)=x^5-3x+1$ 在区间 $(-1,1)$ 内有零点吗？计算 $f(-1)\cdot f(1)$ 的值，你能发现什么？

几分钟后，学习小组派代表与学生分享。

学生10：用描点法作函数 $f(x)=x^5-3x+1$ 在区间 $[-1,1]$ 上的图像，我们发现它有零点。

学生11：算得 $f(-1)\cdot f(1)<0$，我们猜想：函数 $f(x)=x^5-3x+1$ 在区间 $(-1,1)$ 内有零点。

学生12：我们不会画函数 $f(x)=x^5-3x+1$ 在区间 $[-1,1]$ 上的图像，但能画出函数 $y=x^5$，$y=3x-1$ 的图像，观察这两个图像，发现它们有交点，且交点的横坐标在区间 $(-1,1)$ 内，所以函数 $f(x)=x^5-3x+1$ 在区间 $(-1,1)$ 内有零点。

学生13：我们令 $x^5-3x+1=0$，但算不出具体的解，……

教师：很好，有想法。下面我们用"几何画板"来画函数 $f(x) = x^5 - 3x + 1$ 在区间 $[-1, 1]$ 上的图像，观察函数 $f(x) = x^5 - 3x + 1$ 在区间 $[-1, 1]$ 上的图像，你能发现什么？

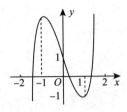

图 6 - 4 - 2　函数 $f(x) = x^5 - 3x + 1$ 在区间 $[-1, 1]$ 上的图像

（追问）函数 $f(x) = x^5 - 3x + 1$ 在区间 $(-1, 1)$ 内有零点吗？

学生 14：函数 $f(x) = x^5 - 3x + 1$ 在区间 $[-1, 1]$ 上的图像是连续不断的一条曲线，且 $f(-1) \cdot f(1) < 0$。

学生 15：函数 $f(x) = x^5 - 3x + 1$ 在区间 $(-1, 1)$ 内有零点。

教师：图像直观表明，由于函数 $f(x) = x^5 - 3x + 1$ 在区间 $[-1, 1]$ 上的图像是连续不断的一条曲线，且 $f(-1) \cdot f(1) < 0$，因此，函数 $f(x) = x^5 - 3x + 1$ 在区间 $(-1, 1)$ 内有零点。

教师：再请观察如图 6 - 4 - 3 所示的函数 $y = f(x)$ 图像，你能发现什么？

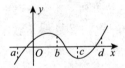

图 6 - 4 - 3　函数 $y = f(x)$ 图像

（问题9）在何种条件下，函数 $y = f(x)$ 在区间 (a, b) 内一定有零点？

学生 16：$y = f(x)$ 在区间 $[a, b]$ 上的图像是连续不断的一条曲线，并且有 $f(a) \cdot f(b) < 0$。

学生 17：函数 $y = f(x)$ 在区间 (a, b) 内有零点。

学生 18：函数 $y = f(x)$ 在区间 (b, c) 内有零点。

学生 18：函数 $y = f(x)$ 在区间 (c, d) 内有零点。

师生合作，归纳出函数零点存在性定理：如果函数 $y = f(x)$ 在区间 $[a, b]$ 上的图像是连续不断的一条曲线，并且有 $f(a) \cdot f(b) < 0$，那么，函数

$y = f(x)$ 在区间 (a, b) 内有零点，即存在 $c \in (a, b)$，使得 $f(c) = 0$，这个 c 也就是方程 $f(x) = 0$ 的根。

教师：判断下列说法是否正确，如果不正确，请举出反例。

① 若函数 $y = f(x)$ 在区间 $[a, b]$ 上的图像是连续不断的曲线，则函数 $y = f(x)$ 在区间 (a, b) 内有零点。

② 若函数 $y = f(x)$ 满足 $f(a) \cdot f(b) < 0$，则函数 $y = f(x)$ 在区间 (a, b) 内一定有零点。

③ 若函数 $y = f(x)$ 在区间 (a, b) 内有零点，则 $f(a) \cdot f(b) < 0$。

④ 若函数 $y = f(x)$ 在区间 $[a, b]$ 上的图像是连续不断的一条曲线，且 $f(a) \cdot f(b) < 0$，则函数 $y = f(x)$ 在区间 (a, b) 内有零点。

⑤ 若单调函数 $y = f(x)$ 在区间 $[a, b]$ 上的图像是连续不断的一条曲线，且 $f(a) \cdot f(b) < 0$，则函数 $y = f(x)$ 在区间 (a, b) 内有唯一零点。

三、教学反思

上述教学设计与课堂操作，着力创设提升数学核心素养的教学情境，学生参与充分，既独立思考，又合作交流，经历了从特殊到一般、从直观到抽象的数学思维过程。

1. 注重问题驱动，目标定位清晰

教学目标既是课堂教学的起点，又是课堂教学的归宿，支配着教学的全过程。本节课设计了基于核心素养提升的课堂教学目标，较好地体现了高中数学"优效课堂"的基本特征。

问题驱动是数学教学的一条基本原则。本节课围绕函数的零点的概念和函数的零点存在性定理，通过层层递进的 12 个问题来突出重点、突破难点。这样的问题设计，较好地运用了高中数学"优效课堂"倡导的问题驱动策略。

2. 注重过程展示，培育核心素养

函数的零点概念的建立既是一个数学抽象、数学建模的过程，也是一个数学地、有条理地解决问题的过程；函数的零点存在性定理的探究过程是学生数学地、理性地、有条理地思考问题的过程。

在函数的零点概念的引入中，本节课创设了方程求解情境，学生认识到引入函数的零点概念的必要性：用函数观点研究方程问题的需要（特别是求方程

近似解）。问题 1 提供先行组织者，让学生明白研究方法（数形结合）。问题 2 引起认知冲突，让学生产生学习欲望。问题 3 让学生直观感知，得出一元二次方程的根与对应的一元二次函数的图像和 x 轴交点坐标的关系，有利于提升学生的直观想象素养。问题 4 从特殊到一般，引导学生用函数观点来处理方程问题，旨在引入函数的零点的概念，追寻知识发展的内在逻辑，提升学生的数学抽象、数学建模素养。

在函数的零点存在性定理的探究中，展示了直观感知和猜想发现过程。问题 7、问题 8 引导学生观察、发现，直观感知零点存在性定理。问题 9 引导学生探究、归纳出函数的零点存在性定理。在问题 7 至问题 9 的引领下，学生参与充分、讨论热烈，经历了从特殊到一般、从直观到抽象的数学思维活动过程。这样的思维活动过程，有利于提升学生的直观想象素养，学生的合作探究能力和逻辑推理能力也得到了培养。

3. 注重变式探究，突出数学理解

问题 5 让学生理解函数的零点的概念，通过计算方程的根，得出函数的零点。问题 6 着眼于概念的多元表征，让学生建构函数的零点与方程的实根之间的联系，从而提升逻辑推理素养。问题 10 从不同角度设计变式问题，引导学生举出反面例证，确认函数的零点存在性定理中的两个条件缺一不可，加深了对函数的零点存在性定理的理解，有利于提升学生的逻辑推理素养和批判性思维品质。问题 11 提供了运用零点存在性定理的教学情境，并通过两个变式来强化零点存在性定理的正向运用，让学生认识函数单调性在确定函数零点个数中的重要作用，有利于培养学生的知识迁移能力和提升逻辑推理素养。

4. 注重反思总结，积累活动经验

问题 12 引导学生建构"方程的根与函数的零点"的认知结构，积累数学活动经验，注重教学目标的达成，有利于培养学生的元认知能力。

总之，上述教学过程的设计与实施，体现了提升学生数学核心素养的教学追求。数学核心素养的提升，离不开具体的数学知识的学习、应用、创新。在高中数学课堂教学中，如何提升学生的数学核心素养，是值得深入探讨的问题。

第七章

核心素养下的高中数学
命题教学

命题是高中数学逻辑与证明的基础，是沟通数学概念与问题解决的桥梁，是数学课程的核心内容。数学命题的教学主要是指数学中公理、定理、公式的教学。数学命题的教学不仅是数学概念教学的展开与深化，同时也是数学问题解决教学的基础，而且是形成数学技能、培养数学能力的重要途径。数学命题教学质量如何，直接关系到数学教学质量的高低，基于核心素养的高中数学命题教学设计研究对于学生发散思维、开发智力、举一反三、活学活用具有重要意义。

第一节　高中数学命题教学含义及现状分析

一、命题教学的含义及意义

数学命题可以从两个方面进行理解，一是数学命题的内涵，二是指数学命题的外延，即"数学命题"是指数学课程中的公式、公理、定理、法则等。而数学中的命题教学是指对数学课程中的公式、定理等的教学。

高中阶段的数学核心素养其中之一就是逻辑推理素养，而命题教学主要就是培养学生的逻辑推理素养，因此，良好的命题教学设计，尤其是基于深度学习的命题教学设计，有利于锻炼学生的思维，培养其核心素养。当然，学生的学习应当有足够的时间、空间来经历观察、实验、猜测、计算、推理、验证的活动过程，通过积极思考、动手实践、推理论证来形成自己的知识体系，掌握恰当的数学学习方法。可见，推理能力贯穿于学生数学学习活动的始终，掌握这一能力是现阶段学生的必备品格和关键能力，亦符合 21 世纪核心素养培养的需要。

二、高中命题教学的现状分析

1. 缺少对命题的发现、探究的过程

通过课堂观察发现，对于命题教学而言，大多教师都把重心放在了对命题的证明和应用上，从新课开始到命题给出以及命题讲解仅仅用了 10 分钟左右的时间，命题的给出太过突兀，没能创设适当的问题情境、结合学生原有的知识经验以及认知发展水平、联系学生的生活实际过渡性地给出命题，这导致学生在短时间内是很难接受的，完全处于被灌输的状态，不能理解"为什么要学习这个命题？""这个命题是从哪里来的？"等问题。违背了深度学习的连贯性、

关联性的特点。

2. 对命题本质（内涵）的探究不够深刻

通过对教师案例的分析发现，教师对于命题的讲解多是结合教科书给出的证明方法或者讲解思路，没能有效利用多种教学资源，深度挖掘命题的来龙去脉，从多个角度理解命题，广度和深度都有所欠缺。比如"基本不等式"一课，教科书给出了三种证明方法来帮助学生接受它的正确性，而把"基本不等式"的几何解释（利用半圆）放在了课后思考中，实际上，教师完全可以根据需要重新安排教学顺序，发散学生思维，从不同角度理解同一问题。上述教师的做法忽略了学生自主探寻规律和原则的积极性，不利于学生对于新命题的整合与建构，亦不符合深度学习的探寻性、审视性的特征。

3. 对命题应用的设计不具拓展性

通过调查发现，高中数学对于命题的应用多是通过习题的形式呈现的。而对于习题的选择，教师往往直接采用教材上的课后练习或者配套的习题册，并没有对习题的一个鉴别、甄选的过程，学生所做的练习并非真的适合自己，多数情况下是搞题海战术达到掌握命题的目的，由此，不仅浪费了大量的时间、做了太多的无用功，同时也不能达到深度学习的效果，没能体现深度学习的批判性、反省性的特征。

4. 学生参与度较低，教师启发不够

通过课堂观察发现，高中数学课堂多数是接受式的教学方式，对于新课的学习，绝大部分是通过教师的讲解，按照教师课前的预设，将命题直接"抛"给学生。比如"平面向量基本定理"一课，仅仅通过简单的力的分解，就直接给出了平面向量基本定理，缺少对学生的引导，学生自主探究以及师生间的互动远远不够，教师缺乏"追问"的意识，学生的学习也仅仅停留在浅层次学习上，导致学生学习积极性不高，不利于培养学生的探究意识。

另外，就目前高中数学课堂教学而言，从总体上看，对于命题的教学仅仅停留在让学生了解这个命题，会运用所学命题解决相关问题上，而教师也只是把更多的精力和时间投入在学生的解题上，对于命题本质的探究只是蜻蜓点水，一带而过，完全呈现出一种为了考试而教的状态。并且从整堂课的教学内容来看，工作量太大，任务太艰巨，环环相扣，时间紧促，学生习惯了接受式学习，缺乏用批判的眼光审视问题，不利于学生综合素质的发展。

第二节　核心素养下的高中数学命题教学设计策略

一、懂"来龙"教学策略

深度学习理论强调要联系学生的生活、学习经验，结合学生原有的知识、认知结构进行教学。而传统课堂实践中，学习者往往将课程材料看作是没有连贯性的知识片段，甚至看作与他们无关的内容。因此，对于命题教学的第一个环节——命题的引入而言，联系学生的实际，创设适当的情境引领学生发现命题，感受命题的形成过程尤其重要。这恰恰体现了深度学习关联性、连贯性的特点，既要帮助学生建立新旧知识之间的联系，又要掌握深层次的、复杂的概念等非结构化知识。同时，新的课程标准指出，情境的创设要能引发学生的交流与思考。而关于情境又是分类分层的，教学情境大致分为三类，即现实情境、数学情境和科学情境，同时，每一类又可以分成三个不同的层次，即熟悉的情境、关联的情境和综合的情境。因此，对于命题的引入要结合命题本身的特点以及学生的实际发展状况，选择适合的情境的类别层次，由此提出关于命题教学懂"来龙"的创设情境策略。

【案例一】 现实情境中综合情境的创设

例如，对于任意角的三角函数的引入，通常情况下是借助钟摆左右摆动或者体育运动项目里转体多少度来引入课题，此类情境的创设属于现实情境里学生所熟悉的情境，也仅仅体现了任意角的概念，并不能引起学生深层次的思考，因此，为了达到深度学习的效果，在联系学生生活实际的基础上不妨尝试综合情境的创设，具体如下：现实情境为汽车的里程表，通过引导学生观察汽车里程表指针的摆动情况与车轮旋转（前进、后退）的关系，自然而然引出任意角的概念；进而通过追问的方式启发学生思考，假设在车轮半径为单位 1 的情况下，能否简化里程表的计算方法，从而给出弧度制；另外，取车轮上任意一点，它相对于车轴的运动变化情况，用函数来刻画就是任意角的三角函数。看似较熟悉的一个现实情境，但其中却蕴含了任意角这一节大部分的内容，综合性较强。

因此，有效的问题情境的创设要有助于形成猜想，这就要求问题本身能够体现某种规律，或者问题与命题之间存在某种内在的联系，同时，问题的设计又必须是学生容易解决的，这样才有利于调动学生学习的兴趣，提高课堂参与度。

1. 透"本质"的教学策略

命题的本质也就是命题的实质、内涵，透"本质"也就是说要能够把握命题的本质属性，弄清数学命题的来龙去脉，并能够了解命题与其他命题之间的区别与联系。了解数学命题的结构、明确证明数学命题的方法以及证明的思维过程并且能够尝试总结、归纳出证明规律等，都是帮助理解数学命题实质的重要途径。而深度学习理论也指出要用批判的眼光审视新的命题，在探寻新的规律、法则的过程中，做到及时反思、反省也有利于对命题本质的理解。但是对于传统课堂而言，学习者多数是通过记忆，并不理解为什么这样做，也较难理解新的观点，甚至认为事实和程序是静态的知识，是从无所不知的权威那里传承而来。由此比较分析提出两种关于命题教学透"本质"的教学策略，即有关命题证明方面的心理接受式的教学策略，另一种就是关于多角度审视新观点的内悟欣赏式教学策略。

2. 心理接受式的教学策略

所谓心理接受式的教学策略是指在命题的教学过程中，应当涉及命题的探索、发现过程或者命题的证明过程，帮助学生从心里接受命题的正确性。

【案例二】 等差数列前 n 项和

对"等差数列前 n 项和"的教学，通过运用"倒序相加法"推导出等差数列前 n 项和公式，更有利于学生对于公式的理解、记忆。如果只是将公式直接呈现给学生，那学生也就只会机械的记忆，也就不会产生想要接受这个命题的心向。通过对命题的证明既帮助了学生接受此命题的正确性，又提高了学生分析和解决问题的能力。

3. 内悟欣赏式的教学策略

所谓内悟欣赏式的教学策略是指在学生接受了命题是正确的基础上，更深层次、更宽视野地欣赏命题的魅力与威力，并且在欣赏的同时领悟内化命题的内涵。通过多角度的解析命题，教会学生用批判的眼光审视命题，感受命题的应用价值，从而学会深度学习。

【案例三】 基本不等式的证明

在基本不等式的证明的教学过程中，通过构造半圆、梯形、指数函数等都可以证明基本不等式，每一个证法的改变都意味着一种视角的变化。在学生接受了命题的正确性以后，通过直接呈现一种全新的证明方法，引导学生发现图形中隐藏的基本不等式，进而养成批判性的学习知识、认识事物的态度。

给出两个相切的圆，直径分别为 a、b，连接两圆的圆心 A、B，同时作出一条公切线 CD，两个切点以及两个圆心就构成了一个四边形 $ABDC$（图 7 - 2 - 1），过点 D 作 DE，使 $AE = BD$，从而有 $DE = AB = \dfrac{a+b}{2}$，$EC = \dfrac{a-b}{2}$，在直角三角形 $\triangle DEC$ 中，根据勾股定理有 $CD = \sqrt{ab}$，因此，由直角三角形的任一直角边小于斜边得出基本不等式。

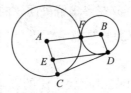

图 7 - 2 - 1　四边形 $ABDC$

【案例四】 正弦定理

在"正弦定理"的教学过程中，通过把任意三角形中的边角关系转化为直角三角形中的边角关系，或者利用向量的数量积证明正弦定理之后，还可以借助三角形的外接圆，帮助学生感悟 $\dfrac{a}{\sin A} = \dfrac{b}{\sin B} = \dfrac{c}{\sin C} = 2R$ 这一定值的特征，从而给出正弦定理的变形式 $a = 2R\sin A$，$b = 2R\sin B$，$c = 2R\sin C$，内悟正弦定理的实质，即三角形各边与其对角的正弦之比是一个定值，这个定值就是此三角形外接圆的直径。

二、活"去脉"的教学策略

命题的"去脉"包含了命题的应用、变式以及推广等方面，活"去脉"就是要做到举一反三、灵活运用。深度学习理论指出要能够把所学理论知识迁移运用到实践中去，并且在运用的过程中逐步加深理解，主动地自我反思，培养其高阶思维的发展。相对于传统课堂实践而言，学习者在进行记忆时并不反思他们的目的以及他们自身的学习策略。因此，对于命题教学活"去脉"的教学策略大致划分为三个层次：第一，命题的直接应用教学策略；第二，命题的变式变题（间接应用）教学策略；第三，命题推广（拓展应用）的发展性教学策略。

1. 直接应用策略

所谓命题的直接应用策略，也称为命题学习的强化策略，它重在巩固所学命题的外在形式，提高运用命题的熟练度以及准确性。但是，它只关注了解决问题所需要的公式以及外在线索，在目前高中命题教学中都有所涉及，属于浅层次教学的范畴，尽管如此，对于命题的直接应用并不可省，学习本身就是一个循序渐进的过程，因此，要想实现深度教学，在直接应用的基础上还应适当拓宽命题的适用范围，将焦点放在寻求解决问题的核心论点和概念上，也正是下面要提到的命题的变式以及推广性教学。

2. 变式变题策略

变式、变题教学是近几年提及比较广泛的教学策略，它是指从不同方面、不同角度来变换命题的呈现形式，从而揭示命题的本质属性的一种教学策略。通过变式实现深度学习是因为变式的同时实现了学生对于知识的迁移与知识的建构。由此，这就要求教师在变题的时候把握好"度"，考虑学生的最近发展区，引导学生在新的情境中对关键要素的判断和解读，从而实现思路、方法的迁移，进而实现深度学习。

【案例五】 两角和的正切公式

在学习"两角和的正切公式"时，为了防止学生的思维定式，可以对公式进行变形，$\tan(\alpha+\beta)=\dfrac{\tan\alpha+\tan\beta}{1-\tan\alpha\tan\beta}$可以变形为 $\tan\alpha+\tan\beta=\tan(\alpha+\beta)(1-\tan\alpha\tan\beta)$；在学习"余弦定理"时，由 $a^2=b^2+c^2-2bc\cos A$ 得到 $\cos A=\dfrac{b^2+c^2-a^2}{2bc}$；等等。

3. 发展性策略

所谓命题推广的发展性教学需要结合命题的形式特点，适当选取推广的方向，在推广的过程中实现发展性教学。

【案例六】 平面向量基本定理

在"平面向量基本定理"的教学中，由于平面向量基本定理是由向量共线定理推广而来，是一维到二维的推广，因此可以给予学生适当的提示，能否实现从二维到三维的推广，促进学生深度思考，实现发展性教学。

【案例七】 基本不等式

在"基本不等式"的教学中，由于两项、三项都是成立的，可以留给学生独立思考的空间，能否证明四项也是成立的，进而追问 n 项是否成立？在学生逐步探讨的过程中，发散思维，开发智力，逐渐实现深度学习。

在整个命题教学的过程中，为了帮助学生实现深度学习，要善于使用追问的策略，掌握提问的技巧，不断激发其学习动机，使学生处于"愤悱"的状态，为学生提供自由的思维空间。

第三节　高中数学命题教学课例评析

下面以北师大版必修 5 "基本不等式"（第 1 课时）的教学活动设计为例，阐明如何聚焦数学核心素养进行命题教学活动的设计。

一、指向数学核心素养确定课时教学目标

教学目标是教学设计中最先要考虑的因素。明晰教学目标，做到有的放矢，是课堂教学的第一要素，是课堂教学有效性的必要保证。确定教学目标的依据是课程标准的要求、教材内容和学生的实际，在确定和叙述教学目标时要聚焦数学核心素养。教学目标是学习目标，设计主体应是学生。教学目标对知识和技能的陈述必须用可观察和可测量的行为动词来描述学生所形成的具体行为。

1. "基本不等式的证明"课时教学目标

（1）从古今实际情境中抽象归纳出算术平均数和几何平均数的概念（数学抽象）；

（2）从特殊到一般猜想、发现基本不等式（数学建模、数据分析）；

（3）探索基本不等式的证明过程，会用作差比较法、综合法、分析法证明基本不等式（逻辑推理、数学运算、直观想象）；

（4）通过对基本不等式几何意义的探究，感受数学文化之美，体会数形结合的魅力（直观想象、逻辑推理、数学运算）；

（5）能正确地运用基本不等式证明一些简单的不等式和求解简单最值问题（逻辑推理、数学运算）。

2. 评析

可以看到，上述教学目标与传统的教学目标叙述至少有以下不同：

（1）每条教学目标都直接指向数学核心素养。

（2）传统的教学目标是"以师为本"，强调的只是"教师做什么"，教师要求学生达到什么结果；而上述教学目标的叙写"以生为本"，突出学生的主体地位，站在学生的角度，阐明学生通过怎样的学习活动，在行为上有怎样的变化，能提升哪方面的素养。

二、瞄准数学核心素养设定教学重、难点

教学重点：在探求基本不等式及其证明过程中，体会、感受数学概念、数学结论的形成过程（实验、观察、猜想、归纳、抽象、概括、证明）。

教学难点：灵活运用基本不等式证明简单的不等式及求函数的最值。

评析：教学的重点、难点瞄准的是数学的六大核心素养，发展学生的思维能力，提升学生的数学核心素养，不再是单纯的数学知识技能。

三、围绕数学核心素养设计教学过程

高中数学教学活动的设计，要树立以发展学生数学核心素养为导向的教学意识，将核心素养的培养贯穿于数学教学活动的全过程。要创设有利于学生数学核心素养发展的教学情境，在教师的引导下探索发现问题；并通过观察、分析、类比、归纳、猜想、证明，或通过调查研究、动手实践、亲身体验、表达与交流等探究性活动，把握数学内容的本质，感悟数学思想方法，提升学生的数学核心素养。

1. 考古察今，抽象概括数学概念

师：早在公元前 6 世纪，毕达哥拉斯学派已经知道算术中项、几何中项和调和中项。毕达哥拉斯学派哲学家阿契塔在《论音乐》中定义了上述三类中项，其中算术中项、几何中项的定义与今天大致相同，即对于两个正数 a，b，称 $\dfrac{a+b}{2}$ 为 a，b 的算术中项，称 $\sqrt{ab}$ 为 a，b 的几何中项。同学们知道，在当今数列学习中，$\dfrac{a+b}{2}$ 称为 a，b 的等差中项，$\pm\sqrt{ab}$ 称为 a，b 的等比中项。看来从古到今人们对由两个正数 a，b 产生的两个量 $\dfrac{a+b}{2}$ 和 $\sqrt{ab}$ 都非常关注。今天我们要对这两个量及其关系进行研究。我们发现古今对它们的称呼不大一致，我们能否给它一个统一的称呼呢？

师：表述虽异，实质相同。我们给它俩一个新的称呼：对于两个正数 a，b，我们把 $\dfrac{a+b}{2}$ 称为 a，b 的算术平均数，$\sqrt{ab}$ 称为 a，b 的几何平均数。

设计意图：考古察今，丰富学生数学历史文化知识，激发学生学习兴趣。抽象概括出算术平均数和几何平均数的概念，提升学生数学抽象概括能力。

2. 创设问题情境，探究、猜想、发现基本不等式

问题 1：下面我们来研究两者之间的关系。请同学们猜测 $\dfrac{a+b}{2}$ 与 $\sqrt{ab}$ 两者的大小关系。

生 1：我取 $a=1$，$b=4$，发现 $\dfrac{a+b}{2}$ 大。（部分学生点头表示赞同）

生 2：也有可能相等。取 $a=b=1$，$\dfrac{a+b}{2}=\sqrt{ab}$。

……

通过讨论，学生达成共识：如果 a，b 是正数，那么 $\sqrt{ab}\leqslant\dfrac{a+b}{2}$（当且仅当 $a=b$ 时取 "="）。

师：这个不等式我们称它为基本不等式。即两个正数的几何平均数不大于它们的算术平均数。

设计意图：通过验算从特殊到一般归纳、猜想结论，建构数学模型，并将模型用数学符号语言、文字语言表达，提升学生直观想象、数学建模等数学核心素养。

3. 探究基本不等式的证明方法

问题 2：同学们知道，我们从特殊到一般猜想得到的结论不一定可靠，它的正确性需要我们进一步严格证明。请同学们想想怎样证明呢？（留 3 分钟时间让学生思考、尝试证明。2 分钟后有学生举手）

生 3：我用做差法，因在函数单调性的证明中我们用做差法比较 $f(x_1)$ 与 $f(x_2)$ 的大小。

师：很好！请板演一下证明过程。

生 4（板演）：因为 $\dfrac{a+b}{2}-\sqrt{ab}=\dfrac{1}{2}\left[(\sqrt{a})^2+(\sqrt{b})^2-2\sqrt{a}\cdot\sqrt{b}\right]=\dfrac{1}{2}(\sqrt{a}$

$-\sqrt{b})^2\geqslant0.$

所以 $\dfrac{a+b}{2} \geqslant \sqrt{ab}.$

师：板演得虽然不错，但好像缺了点什么，谁能补充一下？

生5：证明开始要添上 $a>0$，$b>0$，最后还要添上当且仅当 $a=b$ 时取"＝"。

师：补充得很好。这种证法我们称为做差比较法。还有其他证法吗？

生6：由上面的证法，我发现可以倒过来证。

师：那你说说具体怎样证。

生6（学生口述，教师板书）：

因为 $a^2+b^2 \geqslant 2ab$，则 $a^2+b^2-2ab \geqslant 0 \Rightarrow (a-b)^2 \geqslant 0$ 恒成立，则 $a=b$ 时取"＝"。

师：太棒了！这种证法我们称之为综合法。下面老师再给出另外一种证法：

要证 $\dfrac{a+b}{2} \geqslant \sqrt{ab}$，只要证 $a+b \geqslant 2\sqrt{ab}$，只要证 $a+b-2\sqrt{ab} \geqslant 0$，只要证 $(\sqrt{a}-\sqrt{b})^2 \geqslant 0$，因为最后一个不等式显然成立，所以 $\sqrt{ab} \leqslant \dfrac{a+b}{2}$ 成立，当且仅当 $a=b$ 时取"＝"。

这种证法我们称之为分析法。分析法就是从要证的结论出发，逐步寻求使这一结论成立的充分条件，最后推到一个显然成立的条件，从而证明原结论成立，要注意书写格式。综合法是执因索果，而分析法则是执果索因。

设计意图：从学生知识的"最近发展区"比较法开始，探究基本不等式的证明方法。对做差比较法和综合法让学生自己探索。而对分析法，无论逻辑关系，还是证明的格式学生都很难把握，因此以教师的引导示范为主，使学生体会从特殊到一般发现数学、学习数学的方法，提升学生逻辑推理、数学运算等数学核心素养。

4. 挖掘数学历史文化背景，揭示几何意义

师：同学们，中华民族悠悠五千年文明史，给予我们丰富的数学文化。下面我们翻开历史画面，寻找基本不等式的历史背景及几何意义。

（1）赵爽的"弦图"。

师：我们先来看一幅图片（播放图片，见图7-3-1），2002年第24届国际数学家大会在我国召开，这是大会会标，是根据我国古代数学家赵爽的"弦图"设计的。

公元 3 世纪，中国数学家赵爽"负薪余日，聊观《周髀》"。他在给《周髀算经》"勾股圆方图"作注时，给出图 7 - 3 - 1 所示的"大方图"。赵爽写道："以图考之，倍弦实，满外大方，而多黄实。黄实之多，即勾股差实。以差实减之，开其余，得外大方。大方之面，即勾股并也。"

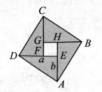

图 7 - 3 - 1　大方图

用数学符号语言表达，即若直角三角形两直角边为 a，b，则 $(a+b)^2 = 4ab + (b-a)^2$，$(a+b)^2 = 2c^2 - (b-a)^2 = 2(a^2+b^2) - (b-a)^2$。因此，可得不等式 $4ab \leqslant (a+b)^2 \leqslant 2(a^2+b^2)$。两边开方，得 $a \geqslant 0$，$b \geqslant 0$，$\sqrt{ab} \leqslant \dfrac{a+b}{2}$，当且仅当 $a = b$ 时取 "＝"。

（2）欧几里得的矩形之变。

古希腊数学家似乎并没有对各类中项的大小进行比较，但他们已经研究过部分中项的几何作图法以及它们之间的数量关系。欧几里得在《几何原本》卷六命题 13 中给出了两条已知线段之间的几何中项的作图法。以 AB 为直径作半圆 ADB，过 D 作 $DC \perp AB$ 交 AB 于点 C，则 CD 即为 AC 和 CB 之间的几何中项。

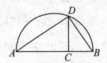 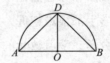

图 7 - 3 - 2　两条线段的几何中项作图法

师：同学们，由欧几里得的这种作图法，若设 $AC = a$，$CB = b$，你能得到哪些结论？

生 7：$CD = \sqrt{ab}$，$AB = a + b$。

生 8：我发现 $\dfrac{a+b}{2}$ 是 $\triangle ADB$ 的外接圆的半径。

生 9：添上 $\triangle ADB$ 外接圆 O 的半径 OD（见图 $7-3-2$），则 $OD = \dfrac{a+b}{2}$，因为 $CD \leqslant OD$，所以 $\sqrt{ab} \leqslant \dfrac{a+b}{2}$。

师：非常好！这就是基本不等式的几何意义。

（3）芝诺多鲁斯的等周问题。

在阿基米德之后，获得与均值不等式等价结果的数学家是芝诺多鲁斯（Zeenodorus，约公元前 2 世纪）。他写了一本名为《论等周图形》的书，专门研究等周问题。在书中他给出了许多命题，其中一个是："在边数相同、周长相等的所有多边形中，等边且等角的多边形的面积最大。"

在四边形情形中，我们考虑长为 b、宽为 a 的矩形以及与之等周的正方形（边长为 $a+b$），即有不等式 $\sqrt{ab} \leqslant \dfrac{a+b}{2}$（请学生自己证明）。

设计意图： 利用历史材料，再现均值不等式的"源头"，挖掘数学历史文化背景，揭示几何意义。由国际数学家大会在我国举行——赵爽的"弦图"、欧几里得的矩形之变、芝诺多鲁斯的等周问题、基本不等式几何意义的研讨会，体现了数学的文化价值，向学生渗透爱国主义教育和数学美，极大地激发了学生探究的热情。历史材料提供了基本不等式的几何表征，促进了学生对基本不等式的理解，提升学生直观想象、逻辑推理、数学运算等数学核心素养。

5. 运用基本不等式，解决简单的不等式证明和求函数最值的问题

例 1：已知 $x > 0$，$y > 0$，证明：$\dfrac{y}{x} + \dfrac{x}{y} \geqslant 2$。

例 2：已知函数 $y = x + \dfrac{16}{x+2}$，$x \in (-2, +\infty)$，求此函数的最小值。

练习：

（1）证明不等式 $a + \dfrac{1}{a} \geqslant 2$（$a > 0$）。

（2）当 $x > 1$ 时，求函数 $y = x + \dfrac{1}{x-1}$ 的最小值。

（例题由学生思考口答，教师板演、点评；练习由学生独立完成，两名学生板演）

设计意图： 因为是第 1 课时，重点是基本不等式的发现与证明，故例题和练习的量和难度应严格控制。让学生初步尝试基本不等式在证明不等式和求函数最值中的应用，体会运用基本不等式求函数最值时"一正二定三相等"的条件，培养学生的转化化归能力、推理论证能力及运算能力，提升学生的数学核心素养。

6. 课堂小结

数学核心素养要求数学教学在注重数学基础知识、基本技能的同时，要重视数学思维能力的培养和数学思想方法、数学文化的渗透。教学设计应是师生活动的设计，要紧紧围绕数学核心素养设计教学过程和教学方法，通过数学教学努力把学生培养成为知识丰富、思维敏捷、善于探究、勇于创新、人性善良、情感丰富、品格高尚的人。

第八章

核心素养下的高中数学
习题课教学

随着新一轮基础教育课程改革的积极推进，新课程教学问题已经普遍受到教师们的关注，新课程理念正逐渐融入中学课堂教学。在数学教学中，新课程理念强调对学生数学能力的培养，而习题是数学知识的载体，是数学思想方法的生长点，蕴含着巨大的教育潜能。习题课作为高中数学教学的重要课型之一，在这方面具有其独特的优势。在习题课教学中，教师通过组织习题讲评、练习以及指导学生解题，帮助学生巩固、深化基础知识和基本技能，及时暴露学生学习中存在的问题，指导学生梳理知识结构，使得他们头脑中的知识系统不断完善，思维能力得到发展，从而达到全方位地培养学生的数学能力的目的。

第一节　高中数学习题课教学现状分析

在当前的数学习题上，教师往往采用满堂灌的形式，学生缺乏自主思考与实践能力，不能真正发挥习题课的作用。首先，学生普遍对习题课的兴趣不高，往往只是被动的学习。上课时疲于抄笔记，根本没有消化和思考的过程。做题目时也只是生搬硬套公式，题型稍有变化就束手无策。其次，教师教学同样存在着许多问题。教师教学更多的是强调机械模仿，弱化了分析能力的培养，忽视了学生的主体性，没有真正有效地引导学生学习。长此以往，学生的学习越来越被动，容易滋生厌学情绪，这显然严重阻碍了学生的自主发展。对于习题课的"优化"也就成了研究的重点。

一、传统习题课具有一定优势

讲授加练习是传统习题课惯用的方法，流传多年至今必然有它特有的优势，是其他方法替代不了的。现在教学中很流行"探究"，尤其是公开课充斥着形形色色的"探究"，比较多见的是小组合作学习，学生们以小组为单位头碰头地凑在一起讨论，课堂气氛好不热闹。但是，是否所有的数学题都需要"探究"呢？"探究"就一定高效吗？不可否认的是，一些教师仅仅是注意到了要让学生尽可能地多说，多做，却没有深入反省一下，学生说的、做的是否都有效？这些投入教学的大量的时间和精力是否让学生得到了实实在在的收获？恐怕不乏一些"探究"是低效的，甚至是无效的。而在传统习题课上，由教师在一堂课有限的时间内集中讲解一定数量的习题，学生可以很明确、直接地获取知识。这种方式可以在较短时间内把较多的知识、技能传授给学生，从而节省了大量的时间，也避免了学生走一些不必要的弯路，非常快捷。

二、习题课没有受到足够的重视

笔者所在的学校要求数学组的老师每人每学期做一节公开课，课题、课型可以自由选择，一学期下来，除高三老师（高三老师已经把新课讲完），其余老师无一例外都选择新授课作为自己公开课的课题。这是怎么回事？通过和老师们交谈，分析原因如下：

首先，设计难度大，但效果未必理想。习题课备课可参考的范例不如新授课丰富，设计起来有难度，一节课下来就是围绕做题讲题开展教学，形式单一，难以调动学生学习兴趣。如此一来，比起新授课，习题课很难上得生动。公开课毕竟不同于日常课，会有很多教师和学校领导听课，活跃的课堂气氛也比较重要。

其次，对教师随机应变的能力要求很高。习题课作为公开课会出现很多意想不到的状况。比如，学生不能理解老师预先设计好的讲解，思维陷入僵局，而此时的教师如果不能及时调整教学策略，换一种"语言"重新讲解，学生的思路就会长时间扭转不过来，双方就会僵持不下，这种现象出现在公开课上是很尴尬的。

三、习题课缺乏深入研究和高水平设计

在调查、听课、访谈中暴露出了教师对习题课普遍研究不够，有的教师对数学知识本身就没有从本质上真正地吃透，知识内在的网络结构与规律自己就总结钻研得不够，对自己学生的实际"学情"的了解不够深入。一个非常突出的现象就是习题课教学缺乏精心的备课。对于老师们而言，习题课远远不如新授课准备得充分，相对而言比较缺乏计划性。习题课在很多老师心目中的作用就是"处理"习题。何谓"处理"？学生在课上、作业中、考试中积压了大量自己难以解决的题目，这些问题也积压在老师的心里，就犹如一份账单。因此，老师一上习题课就忙着赶紧讲解这些问题，希望这一节课讲的题越多越好，这样就可以尽快把"账单"赶紧"处理"了。这样一来，习题课的教学模式就变成了对答案，讲错题。教师准备习题课自然不用像准备新授课那样费工夫，不用分析教材，不用准备教具，不用精心创设问题情境，不用组织学生探究讨论，甚至连教案也不用写，只需要把题做了就可以了。这样看来，上习题课，

黑板加粉笔，足够了。一些认真的教师会在一些细节上做如下处理：根据批阅作业的具体情况有针对性地选择一些典型题目讲解；将练习册上编排次序不够合理的习题重新排序讲解；将习题按知识、方法归类，告诉学生哪些题用了什么知识，哪些题用的是同一类方法，但仍然缺乏系统、科学的设计。由于备课不够充分，课堂上难免会出现一些问题，比如题量大、讲解草率敷衍学生、题目难度大、学生学习吃力等，而这些问题完全可以通过认真充分备课就能够避免。数学习题课应该非常正式地纳入教学计划中，确定所用课时，针对各个章节的教学配置相应的习题课，习题课也应该有详细具体的教案。

四、教师"讲"得太多，学生"做"得太少

毫不夸张地说，教师在习题课上一人讲解的时间远远超过一半，往往是教师慷慨激昂地"表演"了很多这样或那样的方法，这样造成的结果无外乎有两种：有一部分学生是好"观众"，听得过瘾，不由地发出惊叹：居然有这么多方法哦！但听讲效果却不一定理想——听进去不代表真的会了，很可能还没有真正消化课上听到的东西，一旦自己独立做起题来还是"半生不熟"；另一部分学生可能在教师飞快地讲课声中渐渐就"晕"了，这部分学生在访谈中表示，起初是很想跟上教师的授课节奏，但是听着听着渐渐就感到麻木了，用他们的话说，有时简直就是在听天书，压根不知道教师在说些什么了，哪里还提得起兴趣？对于这部分学生来说，这样的习题课接近零效率。我们苦苦追求的教学效率哪里去了呢？那是因为像这样接近于"独白式"的教学还能留给学生多少自己"做"的时间呢？太少了，学生在这有限的时间里能"做"得太少了！具体来说：

首先是学生"听"得少了。表面上学生是听了整整一节课，但是人的注意力持续时间是有限的，有研究表明，学生在课堂上能够有效倾听的时间也就20分钟。试想，即使教师的"一言堂"再有价值，可是一旦超过了有效的倾听时间，不也是白白被浪费了吗？

教师在课上总是担心自己讲得少，生怕有的地方讲不到，殊不知，下面的学生并没有真正"听"进去多少。

其次是学生"想"得少了。"想"是学习数学必需的活动。但是在现在的

习题课上，教师讲得很清晰，从题目已知条件到画图到解法、证明，分析得面面俱到，丝丝入理，板书紧随其后，明明白白。学生所做的就是听、记，思考能力却在不知不觉中一点一滴地流失。知识重点，自己分析不出来；数学思想方法，自己使用不起来。一切都仰仗教师指点，仿佛只有老师教给的，才是真正的重点和方法。最突出的一个表现就是学生缺乏质疑精神，但是，值得注意的是，教师教给学生知识，是希望他们可以独立运用这些知识，教师"多讲"的初衷也是如此，但是讲得多了，学生对老师的依赖也多了，学生们还能自己做点什么？一味接受其实就是一种被动的迁就！我们不得不承认这样一个现实，那就是，在习题课上，老师们普遍关注的是自己的讲解，忽略了去调动学生的思维主动性，不知不觉背离了我们的初衷。日子久了，学生会越来越关注老师的"讲"而不是自己的"想"，独立思考的习惯和能力会渐渐退化，很容易被动地困于老师的思维中。所谓学科教学，不是灌输作为结果的知识，而是指导学生参与形成知识的过程。要知道，学生到底不是容器，"传授"≠"灌输"，也不是你老师想"灌输"多少他就能接受多少的。即使有些学生能接受，学到的知识也是缺乏活力的，难以做到活学活用。

最后是学生"交流"得少了。数学也是一门语言，它是精确、简约、通用的科学语言。它用最少、最明确的语言传达最大量、最准确的信息。因此，学习数学离不开交流，可是在课堂上让学生交流，就要花时间，有这点时间，还不如多讲两个题呢。恐怕老师们都会这样想。可是，多"讲"未必就好。有一部分题目，老师只要多加启发、引导，组织他们交流讨论，依靠他们自己的力量就可以得出正确的结论。老师一下子把结论讲出来，看上去是节省了时间，却让学生失去了宝贵的合作交流的机会，得不偿失。

五、过度练习导致课堂低效

几乎所有的习题课都在重复着一个基本模式——讲练结合，即教师主讲、学生听讲，再配合相应数量的练习题巩固学习效果。我们经常看到这样的现象，讲台上的老师写了一黑板又一黑板，对重点强调了一次又一次，下面的学生是记了一页又一页，一个个笔走龙蛇，不敢有丝毫怠慢。做课堂练习的时候，教师也可能会请学生去板演做题的步骤，当然这得请成绩好的学生，其他学生坐在下面等着他写完，安安静静地看一遍。做对了倒还好，师生直接进行下面一题。做错了，自然难免耽误时间，一旦这样，老师赶紧冲过来重新开讲，刚才学生所写的，来不及做任何分析，甚至还没让其他学生看清楚，就迅速地"牺牲"在老师的板擦之下了。老师总是怕学生犯错误，告诉学生千万不要这样做或那样做，每节课就像打"狙击战"一样，硝烟弥漫，战火频频，学生们个个身经百战，一切为考试做准备。这样的一节课下来，题是处理了不少，其中的很多题也是以前做过现在又做的，需要强调的也反复向学生说了，师生双方都筋疲力尽了，可效果怎么样呢？让我们翻开学生习题课之后的作业看看吧，通常，学优生完成作业的质量比较高，可见听课后效果还是不错的；然而中等生和学困生的作业则没有太明显的起色。看完作业的老师常常不由自主地重复着这样的感慨："类似的问题不知道讲了多少次，练了多少遍，怎么就是学不会呢？"显而易见，师生的付出都不少，可是收到的效果却与我们期待的相距甚远，这是因为大量机械、单调、重复的题型训练导致学生学得死板，不能将知识活学活用，这不能不说是一个巨大的遗憾。造成这些问题的原因主要是来自高考的压力，教师为了追求升学率，一味希望学生尽快多听、多会并且做题熟练。于是教师尽可能挤掉学生自己做题的时间，在课上由自己多讲一些，期待学生能接受并消化所讲的内容。为了"熟能生巧"不惜大量、重复地进行习题训练，期待着学生百炼成钢、见题思法。殊不知过度重复练习对学生的思维反而会有抑制作用，导致实际教学效果不够理想。

六、"面面俱到"却收效甚微

习题课绝不是用来"处理"习题的，在习题课上要注意不要把大量的习题堆砌在一起。教师往往会比较贪心，觉得多讲些题，多涉及一些知识点就会让学生多学到一些，但往往是每道题都讲不透，虽然老师可能也会时不时地问："听懂了吗？"学生也整齐地回答："懂了！"但其实大多数情况是老师把一道题的思路介绍给学生，而此时听懂的学生的确对老师所陈述的思路也充分认可了，但是师生还并没有对问题进行深入地研究，更不要说完整地书写解答过程。学生对问题的认识也就仅仅达到知道思路这个初级阶段，甚至连个具体的解决方案也没有，教师就已经开始下一题了。一节课下来，习题逐个讲，但是多数是浅尝辄止，没有讲透。或许教师最初的用心是好的，上课多讲，希望学生课下根据所讲的思路继续钻研直至完整做出。但是，第一，学生可能课下会由于学习负担重以及懒惰等原因不去研究，那么课上听懂的也就变成了无用功；第二，学生去钻研了，但是思路极可能会中断，或者思路还在，但具体自己做题还可能会在各个细节出现问题，而此时学生自己并不能认识到自己已经出了问题，而教师则认为问题在课上已经"讲过"，学生已"听懂"，不必再"回炉"了。可以说，习题课之后，学生留下的只是一个不成熟的"半成品"。遗憾的是，追求"面面俱到"换来的结果往往是"面面不到位"。

第二节　习题课优效教学策略

一、选习题，精心备课

习题，是思维的载体。教师在习题课上通过解题讲题的过程帮助学生组建知识网络，打造思维模块。

南京师范大学的单墫教授曾提出，他反对做大量重复的题：教师、学生不要穷于应付过量的题目，要集中力量于某几个真正有意义的问题，通过发掘问题的各个方面，从容不迫而彻底地讨论它们。时间是宝贵的，习题课绝不是机械、重复的训练课，因此习题课要避免大量习题的堆砌。因此，习题的数量宜少不宜多，所选习题必须质量高。为了把学生从题海中解放出来，教师就需要跳入题海去"淘宝"，选题时要选注重基础训练的常规题。常规题往往较简单，学生容易上手，体现通性通法，应用面广——解决问题也不一定非要使用新颖别致的方法。对所选用的习题，教师课前都要认真研究，对这些习题有一个深刻的认识，然后把习题归类，同类型或类型接近的习题放到一起，便于授课时让学生对知识触类旁通。要根据不同的习题，准备不同的教学方法让学生易于接受。讲解习题使用的关键性用语要提前设计，注意启发学生的积极思维。这样才能让学生对各种解题方法"知其然，而且知其所以然"。教师只有精心选题、备课，才能帮助学生构建良好的认知结构。

二、变"防守"为"进攻"

传统教学论的本质是以教师、教材为中心，学生学的知识也是静止而稳定的。教学方式也是简单而单一的，要学的知识是客观的、现成的，学生要做的就是把这些知识"复制—粘贴"到自己的记忆中，在这个过程中，学生只需听从老师的安排按部就班去做，按照最规范的格式去模仿，很少经历错误，这是非常典型的"防守"策略。

事实上，知识不是被动地从一个人传递给另一个人，有效的数学学习活动不是依赖模仿，而是在于主动去经历。数学教学要强调由学生自己做数学，让学生以实践者的身份去体验建构过程，弄清来龙去脉。但是在新课程所倡导的现代数学教学理念下，学生是鲜活的、有个性的、可塑的。每一个学生都是不断发展的独立主体，他们在一起构成了一个具有主观能动性的群体，群体之间的成员可以相互交流、相互借鉴、相互鼓励。教师如果能充分调动学生的能动性，让学生真正地投入主动学习中去，那么这个群体的潜力是不容小觑的。在展示习题后，教师要留出时间让学生审题思考，除了必要的指导，要尽可能让学生自己来分析问题，解决问题。这样的数学活动自然、流畅，从无到有、由浅入深，才是完整、高效的。教师鼓励学生表达自己的想法，敢于质疑，主动向问题发起"进攻"，甚至可以大胆尝试让我们的学生来教学生，培养学生适当的冒险精神，使学生在勤思多变中提高思维的灵活性和创新性。

三、塑造学生思维展示、碰撞、分享的平台

习题课的一个重要任务是塑造学生的思维，所以首先应该要展示学生的思维，哪怕是错误的思维。利用习题课，让学生思维过程中的问题或错误及时地、充分地暴露出来，才有利于教师帮助学生找出他们解题的症结所在，然后"对症下药"，纠正他们之前的一些不合理的甚至是错误的思维，引导他们树立正确的、合理的良好思维品质。除了错误，我们也会时常发现一些惊喜，学生中也会出现一些出色的解题思路方法，有时甚至比老师提供的方法还要简洁自然，一个老师的力量毕竟是有限的，能够结合学生智慧去教学的老师才是有智慧的老师。因此，老师们不妨多鼓励学生表达，在学生理解通性通法的基础上，让学生们对于不同的解题过程展开讨论，多探索几种方法出来。有时，学生之间会互相赞赏支持；有时意见不一致了，学生们就会发生争辩，互相不服，不断找出对方的漏洞，正确的方法就渐渐明朗了起来；有时学生们错成一团了，就需要老师帮帮忙，指导一番，然后恍然大悟，中间经历的弯路和困惑同样宝贵。这样的展示和分享比老师干巴巴地讲要有趣多了，也有效多了。在这样的一个平台上，气氛是积极向上的。教师和学生的关系是平等的，但教师的身份很特

别——教师是"平等中的首席",要不断地引导学生分享彼此的收获,并重新审视他们自己的想法。教师是"契机的发现者",要善于抓住学生的想法,捕捉适合的教育时机,不断启发学生关注问题的重要方面,从而达到优效教学的目的。

四、要注重讲授与探究互补

我们在现在的新授课上已经比较重视探究活动。在公开课上,精彩纷呈的探究活动让我们惊叹于老师精彩的构思、巧妙的组织。

"学生应该获得尽可能多的独立工作的经验……教师应该帮助学生,但不能太多,也不能太少,这样才能使学生有一个合理的工作量,……如果学生没有能力做很多,那么教师至少应当给他一些独立工作的感觉。"

现成的解答未必是好的,不可盲从,被牵着走,不如自己去想,放手让学生探究是习题课所需要的。尽管探究需要提倡,但是一堂课只有 45 分钟,只能适度做探究,其余的时间还是需要教师的讲授让学生获得间接经验。

五、突出教学重点

为了避免"面面俱到导致面面不到位",每一节课要有一个重点——在有限的课堂时间里也只能有一个重点,教学的一切活动要围绕着这一中心展开。习题要少,但是要做到"精选精讲",笔者和几位同事一起听本校老师一节习题课,是针对期末复习讲求最值的方法,同学们也很积极,在老师的不断启发下,一起归纳出了很多求最值的方法,每一种方法都讨论了一下该如何做的思路,但是都没来得及做出具体过程。听课后大家的感受是内容过多,求最值的方法虽然归纳得非常齐全,但学生可能对哪一种方法都没有深刻的体会。与其这样,不如先明确这节课的重点,究竟要通过这节习题课让学生学到什么,再根据了解到的学生的实际水平和接受能力,对习题有侧重地取舍,保留适量的符合本节课重点的习题。

六、精心设计课堂提问

可以说,提问是数学课堂上教师完成教学任务的重要手段,每节课每位老

师都离不开提问，那么这些提问的效果如何呢？是否所有的提问都触动了学生，为我们的教学推进作出了贡献？让我们来剖析一下，有些提问是比较随意的，没有明确目标的；有些问题是经过老师的设计，但是目标指向性不强，如在一次听课当中听到一位教师这样提问："研究等式 $a \cdot b = |a| \ |b| \cos\theta$，你能获得哪些结论？"此种提问可能会造成问题低效甚至无效。想设计出有效的问题，首先要求老师本人要有问题设计意识，并具备一定的问题设计的素养和一些问题设计技巧。"有效提问必须是总体上的有效的提问"，"通过提问与应答的形式实现师生之间交流与互动"，好的、有效的问题不仅单独看能够触动学生思维，这些问题连续起来看还会构成具有密切联系的"问题锁链"。因此，教师要注意在提问时要把题目分解为环环相扣的问题，按思维的进程，面向全体学生依次提出、逐步分析，还要时刻关注学生对问题的反应，以便随时调整。

七、一题多变，加深理解

在日益严峻的高考竞争中，面对铺天盖地的习题，很多学生整天陷于题海，这样的学习是被动的、痛苦无效的。实际上，题海中存在着大量的简单重复，让学生不加选择地练习，实在不负责任；过量的练习，学生只是机械地完成任务，没有时间反省，也就很难提升。而让学生逐步学会变式，通过对适量典型题目的变式，概括出一类题目的解决策略，这样的劳动才是高效的，这样的学习才是自主的，学生获得的才可能不仅仅是学习成绩的提升，还有学习能力的增强。

新课标指出：数学课程要建构所有学生数学的知识基础，强化数学的应用与实践。我们要尽可能利用教材中的习题，选取好的习题，对习题进行再设计。在打好基础之后，加强对数学知识的应用。能使学生更好地学会归纳、总结提炼。一题多变是通过变更对象的非本质属性，多角度地凸显知识的本质特征。在此过程中知识的外在表现形式、非本质属性在变，知识的本质属性、根本特征不变。有助于学生更好地理解知识，促进知识的正迁移，形成良好的知识网络，优化认知结构，可以增进学生对于知识的理解，促进学生灵活地、创造性地进行学习。把师生真正从题海里解放出来，减轻学生的学业负担，帮助学生更准确、全面、深刻地理解知识。同时也可以检验学生对知识的掌握程度，提高教学的效率。

一个问题解完之后，回过头看题目，往往会有更深一层的认识。譬如：条件有没有多余？结论可不可以加强？结论可不可以推广？如果条件发生一些变化，会不会引起结论的改变？经过这样的思考，"一题多变"的能力就会大大提高，同时对条件结论的反思，可以对问题的本质、解法背后的数学思想方法认识得更加清楚。一开始，你对这个知识结构的理解仅仅在操作层面上，如果你通过对条件结论的反思，就会进一步认识到问题的本质和数学思想方法。在习题课教学中，要对习题的潜在价值进行充分挖掘，要不断变换数学知识的呈现形式，使学生在变与"不变"中把握知识的本质属性。逐步由会到熟，由熟到活，做到掌握知识的内在联系。

八、师生编题，灵活应用

此外，还可以尝试编题目，可以是教师编题目，也可以是学生编题目。题目不仅可以由教师给出，还可以由学生自己提出。让学生主动探索，围绕"题源"进行相关的变化，自己编题目，让"冰冷的美丽变成火热的思考"。在此过程中，学生能够更好地了解哪部分可以变、如何变，使学生在变与"不变"中把握知识的本质属性，从而加深对知识的理解。不仅有利于学生进一步认清知识的本质、掌握知识，而且有利于调动学生学习的积极性，增强学生学习的兴趣，在一定程度上还可以培养学生的创新意识以及提高学生举一反三的能力。在适当的情况下，由学生来完成编题，这样可以帮助学生更好地理解知识，熟悉题目的基本类型，形成解题思路方法。编题目对于学生的自主学习、思维能力及创新能力的培养都是大有益处的。

当然，此时教师的启发引导是很重要的，比如：在教"两角和与差的余弦公式"这章内容时，经过推导得出公式以后，教师可以启发学生："这两个公式有什么作用？""你能用它们解决什么问题？""你能编出一些题目并解答吗？"等等。让学生积极参与变式教学，也是尊重学生主体地位和提高学生参与度的重要表现。

九、分组讨论，合作交流

新课标指出：数学课程要关注不同层次学生的数学需求，提供给学生发展的空间。众所周知，同一个班级学生的学习能力，对于知识的掌握情况是参差不齐的，而我们传统的大班授课是很难兼顾到每一个学生的，要想兼顾到每一个学生，就需要丰富我们的教学组织形式，为每一个学生提供选择和发展的空间。很重要的一点，在习题课上，学生已经不是一张白纸了，因此在课堂上要特别重视师生互动与生生互动。在形式上要活泼一些，要调动学生的积极性，使学生充分参与其中。教师应该在课堂教学中引导学生进行讨论交流，使学生在交流中暴露出思维的差异，从而取长补短，不断弥补自身的不足。

在习题课教学中要打破单一的教学组织形式，把大班上课、小班讨论、个人自学结合在一起。具体来说，就是大班讲授知识、小班理解知识与运用、大班汇报学习成果的方式。以一节课 45 分钟为例，大班讲授知识指在已有大班情境下教师对习题的精讲，时间为 10 ~ 20 分钟；小班理解运用知识指把大班分成 5 ~ 10 人的小组，针对教师设计的问题展开讨论交流，实现对知识的消化和巩固，时间为 20 分钟左右；大班汇报学习成果指在大班情境下，各个小组展示学习成果，实现教师对学生学习效果的监测，时间为 5 ~ 10 分钟。对于一些比较难的或是开放型的习题，教师可以组织学生采用小组合作探究的方式，每个小组中都有不同学习层次的学生，学优生负责寻找解题思路，制订解题计划，中等生负责验证其可行性，学困生的主要任务是理解题目的主要含义。可设定几个学生主讲，学生根据自己准备的情况谈谈自己对本次课内容的理解和认识，然后由其他同学评价和讨论，教师在这个过程中尽量少说，要用启发性的语言帮助学生寻找解题思路。可以提前确定主讲学生，让他们课前查阅资料之后充分准备，教师提供相应的指导。在整个过程中，每个组员都可以发表自己的想法，经过探讨，最后老师作出总结，制订解题计划。学生评价和讨论过程中同学们可以畅所欲言，这将有助于开阔学生的思路。

十、使用模型，总结规律

1. 使用数学模型，解决实际问题

数学模型：是为了一个特定目的，根据特有的内在规律，对复杂的问题进行分析，发现其中可以用数学语言来描述的关系或规律，把这个实际问题转化成一个数学模型。新课标指出：要构建所有学生必需的共同基础，加强数学的应用与实践。然而，我们现有的"类型＋方法"的教学方式的确是提高了学生的应试能力，但是学生遇到陌生的题型或者联系实际的问题却又不会用数学的

方法解决它。大多数学生经过多年的数学学习，却没有建立起初步的数学思维，更不用说用创造性的思维自主发现问题。所以，高中数学教学中模型的建立不仅是教学的重点，也是教学的难点，我们在对学生能力培养的同时，还应该注重学生对数学知识的应用。对于数学建模，其建立的基本过程如图 8 - 2 - 1 所示。

图 8 - 2 - 1 数学建模基本过程

经过这一过程，将实际问题转化成数学问题，用数学语言准确地表述出来，接着选择恰当的方法，求得数学模型的解，回到数学现实，给出实际问题的解答，最后检验解答的正确性。对于已经建立的数学模型，在我们之后的习题求解中就可以直接使用了。

要真正培养学生的创新意识和应用能力，仅仅靠传授知识是不够的，重要的是在教学活动中坚持以学生为主体，调动学生的主观能动性，以培养学生的创新思维为出发点。使学生通过观察、猜想、推理验证等数学学习活动，得到多方面的进步和发展。引导学生自主活动，自觉地在学习过程中构建数学建模的意识和运用模型的能力。

2. 总结解题方法和解题模块

解出一个题目，还要联系相关的题目，看看有没有共同之处。要引导学生对做过的习题进行分类、归纳，总结出某类数学题目求解的策略，特别是解题模块。总结归纳一种习题的类型应该明确以下几点：题目类型的意义界定和适用范围、分类、一般的解题步骤、特殊情况的处理方法等。有的学生拿到题目后往往无从下手，是因为没有模块的概念。拿到一个问题，先判别类型，然后采取相应的解法，这种方法不一定是最佳的，在实际情况下是有效的。总结解题模块的意义就在这里，它可以解决一类相关的问题，有的教师担心这样教学会不会把学生教得太死板，其实总结模块后还有后续工作，因为模块总结的是通法，还要根据实际情况来具体分析处理。

十一、信息技术，辅助教学

教师也可以采用信息技术辅助习题课的教学。新课标指出数学课程要加强现代信息技术的应用，增进信息技术与数学课程的整合。改变了过去以教材为本的观念，强调了教师对教学内容的选择，呈现设计应有自主性、创造性。这样就有效地提升了授课的节奏与教学的效率，使传统习题学习模式转变为看习题再到做习题的创新学习模式。现代教学手段的积极作用显而易见，一方面可以将平面几何、解析几何、立体几何等习题用多媒体生动地演示出来，使抽象的数学理论性问题变为生动形象的数学实践性问题。它能很好地作用于学生的感官系统和能力，大大激发了学生学习的热情，从而有利于发展学生的智力。另一方面可以缩减教师在黑板上板书这种费时费力的教学，习题课将更加多元化，信息量也会增多。还可以改变条件，使问题引申，同时能够节省出时间启发学生思考，利于学生实时互动，激发学生的好奇心和求知欲。

十二、和学生一起突破"瓶颈状态"，锻炼优秀思维品质

在日常教学中，我们经常会听到老师们发出这样的抱怨："这种类型的题都讲了不知道多少遍了，学生的出错率怎么还是那么高呢？"老师们自然不会甘心，于是也会找学生过来谈话："上课讲的都能听懂吗？"学生回答："当然能，作业也是自己做的啊，可是一到考试就做不出来了！我也很纳闷呢！"学生说的也是实情，口气分外委屈。这种现象无疑是教学中一个常见又难以理解和解决的问题。要想找出问题原因，就需要对学生的学习心理和思维过程作出分析。其实前面的师生对话只是在谈论是否听懂了，而"听懂了"和"学会了"是两个截然不同的学习状态，所谓"学会了"是指学生在脱离课本、课堂笔记等辅助手段下，能独立将学过的知识正确恰当地运用到解题中去。在"听懂"和"学会"之间应该还存在着一种学习状态，我把这种状态称为"瓶颈状态"，"瓶颈状态"中的学生最大的特点是带有明显的依赖性。没错，作业是他们自己做的，但是不是完全是凭借个人的力量？写作业期间他们可以翻书，查阅笔记，询问老师同学，相对缺乏思考经历，能"上课听懂"，但做不到"考试做出来"。有生物学家做过这样的实验，帮助在茧子中苦苦挣扎的蝴蝶剪开茧子，蝴蝶出茧后显得非常柔弱，并没有像其他那些自己破茧而出的蝴蝶翩翩飞舞，原因就在于破茧成蝶的过程是不能代替的，那正是蝴蝶锻炼自己，积聚力量的时候。处于"瓶颈"状态的学生就犹如茧子中的蝴蝶，如果没有经历思考上的困顿和挣扎，仅仅依赖辅助手段，能力是锻炼不出来的。处于"瓶颈"学习状态下，学生在脱离课本、课堂笔记等辅助手段下，独立完成问题还是有障碍的，

加上新课结束，有些学生不做课后复习，没有充分理解新知识，只是零散、死板地记忆知识，机械地套用解题模式，没有将知识脉络梳理清楚，那就难怪一到考试他们就做不出来了。如何改善这种状况呢？我们需要一些时间，一个平台来解决这个问题，习题课就是一个很好的机会。在习题课上，除了要引导帮助学生在做题中梳理知识，整合知识，运用知识。当然是要最大限度地克服学生对各种辅助手段的依赖，"逼迫"他们养成独立思考，自主探索的好习惯，最大限度地发挥学生的主动性，去挣破"茧子"，那么，在习题课上，教师的教学方式、方法就很关键了。

十三、调动非智力因素，培养学生积极健康的学习心理

新课程目标强调对学生的人文情怀、数学精神的培养。在解题过程中，学生可能会遇到各式各样的困难，不断在多种错误中尝试却不断失败，这样学生是非常容易产生不良情绪的，学生对数学的兴趣就会渐渐减弱，甚至产生像厌学这样的心理问题，教师应该在习题课上采取相应的对策，针对性地进行心理或情感的教育。

第三节 高中数学习题课优效教学模式

一、"学生主讲式习题课"

高中生已经具备了一定的分析问题、解答问题的能力，表达能力、心理素质也渐渐成熟了，高中时代是人生中各方面素质成长最快的时候。因此，在习题课教学中可以尝试让学生讲题。但是首要的一个需要关注的问题是这样的做法效率如何。我们不难发现，如果上课让学生直接看一个问题，几分钟后提问他们，他们还是会感到措手不及，被叫到的同学可能会很不流畅，下面的其他同学也会听不进去，这样上课会耽误时间，影响学生听讲，肯定效率不高。主要原因是什么？当然是准备不足。因此，要上好"学生主讲式习题课"，教师首先要在课前"做足功课"。

下面来说说这种模式的习题课的具体操作步骤。

首先，由教师精选习题，把选好的题以作业的形式提前发给学生，让学生先在课下去进行分析、演算，自习课时教师进班辅导，学生可以和教师面对面地交流。在交流的过程中，教师对学生的学情就有了一定的了解。这时候，可以和一部分同学提前预约，叫他们提前"备课"，在备课过程中，鼓励他们相互交流，互相试着讲一讲给别的同学听。然后第二天上习题课时让"备好课"的学生上讲台展示"成果"，其余学生则在下面听讲，允许他们对讲题的同学提问。在学生能力可及的时候，教师绝不插手，只在学生讲解不到位、不透彻的时候，教师才加以适当地点拨和启发。

为了确保这种方法的有效性、可行性，笔者先做了一段时间小实验，在每天数学课的前十分钟，轮流找一个学生按照这种方式去讲题，起初被轮到的学生有的觉得辛苦麻烦，有的则比较胆怯，很多人害怕讲不好丢面子。于是在每次讲题之前，笔者都会让讲题的学生先给周围一两个同学先讲一讲，这样可能会在讲题中出现的问题就提前暴露出来了，学生对题目的理解会更深一层，表达也更准确更熟练。

有两件事情出乎我的意料：首先，有几个学生讲得的确不错，他们的出色带给我几分惊喜，使我对我的学生有了新的认识；其次，即使讲台上的学生讲得不太好，学生也会认真努力地听，当讲台上的学生讲得词不达意的时候，学生居然还能猜得出来他原本要表达什么，示意他继续讲，这让我感到非常不可思议。学生的讲解其实不太完美，但有时比专业数学教师的严密讲解更有吸引力、更有效。心理学上称这是一种"青春共振"的现象——处于青春期的学生非常容易受到同龄人的感染。因此，同龄人之间的学习交流对他们影响是很大的。事实证明的确是这样的，没过多久，就开始有孩子主动要求上讲台讲讲看，原本不敢上讲台的孩子也渐渐从容了，还希望有机会再为大家讲题，他们说，既然自己身边同学能做到这样，说不定自己也可以做到，所以愿意试试。

渐渐地，我在习题课上尝试学生主讲这种模式，收到一定效果。有一次笔者在同一个班要连上两节课，第一节课下课的时候刚把一道题抄到黑板上，我说先下课吧，下节课再讲，你们可以先想想。下课后，我看到有些学生就凑到一起去商量了。第二节课一打铃，学生就高呼："杨岚，上！"杨岚果然不负众望，不仅把板书写得整整齐齐，方法讲得头头是道，还主动询问下面同学哪里没听明白并且一一解释，当她讲完最后一句还很得意地对着台下说："鼓掌！"掌声过后，她还告诉大家，这个解法是她们小组几个人一起想出来的，由她负责把小组的方法介绍给大家。经过实践，发现这种方法确实可以提高习题课的效率，学生也逐渐适应甚至喜欢上了这种授课模式。笔者在自己教的班做公开课的时候，从来不担心学生的课堂气氛会沉闷，有时举了手没被叫到的学生还微微有些郁闷，他们主动地去展示自己的样子让人倍感欣慰，对于台下多了这么多老师一点儿也不觉得有压力，也不觉得胆怯。大家一致认可这与平时坚持训练有关。

二、"究错型"习题课

学生做数学题总是没有一天不犯错，这是老师们每天都要面对的苦恼。其实学生出错很正常，正因为学生会出错，才使得教师有机会了解学生，能更好地帮助学生。错误，是通往成功的台阶，是把新方法与已有知识统一起来尝试的必然结果。错误能够体现出学生思维结构的一些缺陷和不协调，教师应当在教学中收集、展示学生的错误，把这种缺陷和不协调有意扩大，让学生能够对错误有一个清晰的了解。

另外，笔者始终坚信每一个学生只要用心投入解题中，那么他得到的即使是错解也不应该全盘否定，再蹩脚的拳击手在多次重复出拳中总有几拳是像样的，学生的解答也是一样，即使错了，其中也有可能（甚至是非常有可能）有一些合理的成分。老师最大的作用不在于给学生做出多么标准正确的示范，而是在于珍惜学生的错误，激活那些合理的成分。习题中的错误是一种多么宝贵的课程资源啊！接下来的问题是如何加以开发并且合理利用这些资源？

学生所犯的大量错误都分布在平时的课堂练习和作业中，需要教师及时讲评。但是这些错误讲评大多是零散的，当时学生是听懂了，思维也转过弯来步入正轨了，是啊，我们是及时纠错了，但是我们"究错"了吗？单纯表面上的纠错难以形成具有持久免疫力的思维模块，隔一段时间，还是会犯类似的错误。不妨让我们隔一段时间来一次"究错型习题课"，集中时间回顾错误、反思问题。

在一次月考前，笔者采用这样的方式上"究错型习题课"：

找几个学习数学很积极的同学，他们各个成绩段的都有，让他们利用三天的课余时间翻阅做过的课本上、卷子上、练习册上的习题，把出过错的习题用笔勾出来，再由一两个同学汇总，把这些题抄到一张白纸上，拿到我这里。我再从中筛选或补充，将这些选出来的题分类、排序，最后形成一张卷子。这张卷子我们称之为"究错学案"，它的特点是：留出的空白比较多，便于学生写笔记；另外，很多题是学生自己找来的，适合自己的学生的学情；不同层次的学生参与了出题，各个学习水平的学生都能有题做。

那么学生什么时候做"究错学案"？要在习题课前一天做好，第二天上课讲评。如果同一个班恰好数学课有两节是连着排的时候也可以这样做：第一节课先让学生做学案，第二节课再进行"究错学案"的讲评。学生在课上做相当于是在模拟考试，比课下做题精力更集中，态度更认真，这样做出的题感受最深刻。这样先让学生做一节课，再讲一节课，就能收到"趁热打铁"的效果。

三、开放研讨式习题课

适用于解决问题型的习题课，众所周知，上习题课的一个重要目的是训练学生解题思维，提高学生的解题能力。如何让学生在短短的 45 分钟的课堂上得到全方位的训练呢？肯定会有很多老师说，采用"变式教学"。没错，变式教学是习题课的法宝，而这一法宝往往是由教师收集、加工后再呈现给学生的，学生看到的是"变"的结果，没有经历"变"的过程。"如果一个学生从来没有机会解答一道由他自己创造的题目，他的数学经验就是不完整的"。我们不妨做个大胆的尝试，让习题课的变式教学变成生动活泼的研讨，就会意外地发现，学生其实很有潜力。

具体做法：给出一道条件不完整的题目，由学生添加条件，再由他们自己解答。这个过程说起来简单，操作起来需要很精心的准备。

首先是选题。要找到适合的题目，其中关键性的条件可以灵活更换，能产生变式。在上课的时候把题中关键性条件换成横线让学生补充，这就成了一道开放性的习题。

然后是上课。教师首先要帮助学生拓展思路，在这个环节上，教师不能说得太多，说得多了会给学生的思路加上框框，学生思维会受限制；但是也不能袖手旁观，完全让学生不着边际地胡乱猜想。比较好的做法是，教师少说，用有限的几句关键性的话启发学生回忆到相关的知识点。这个时候再留出让学生独立思考的时间。学生独立思考一段时间后，教师鼓励学生们畅所欲言地谈一谈自己的想法——填上一个什么样的条件，你觉得自己的条件能够产生什么样的答案，你的理由是什么，解题计划如何。无论是成熟的方案还是萌芽状态的解题雏形，只要有价值，教师应尽可能地让同学们多分享一些，可以让有想法的同学先说，其他同学有不懂的地方就随时提出问题；也可以小组讨论，群策群力修改调整方案；如果学生陷入僵局了，那么教师就要把问题梳理清楚，让学生重新分析。当大家的意见逐渐从有分歧到一致的时候，正确的方案就基本水落石出了。这个时候，教师可以组织大家选择其中的几种方案，把按某几种方案补好的题完整做一遍。题做完了，还是不要停下来，利用课堂上最后几分钟时间让学生反思收获，至少把整节课关键性的地方做简要回顾。

四、自助餐式习题课

这种授课模式最为灵活，在大型考试前夕适合采用。因为学生经历了一段时间较为充分的复习，教师可以不讲题，学生在课上自由复习。学生有问题就举手示意老师一起交流。学生之间也可以互相交流讨论。这种授课模式的优点是时效性强，可以随时面对面满足不同层次学生的答疑解惑的需求。缺点是课堂局面比较难控制，容易让少数不爱学习且自制力差的学生有机可乘、扰乱课堂秩序。因此，教师要注意对课堂的监控。教师还要注意与学生交流时间的分配，回答学生的问题时尽可能使用简短、富有启发性的语言，一来给学生思考的空间，二来只有节约使用时间才有可能在有限的时间内多和学生交流。在这样的习题课上，教师可以尽可能多地了解学生的盲区，以便在考试前帮助学生解决问题。

第四节　高中数学习题课课例评析

一元二次不等式的解法习题课课例评析

一、教学目标

1. 教学目标

（1）通过问题 1 的解决，理解不等式关系，及不等式对于刻画不等关系的意义。

（2）通过问题 2 的解决，理解不等式的基本知识与方法；学习根据代数式的结构，通过比较思路产生的依据，学会探究解题思路的一般方法。

（3）通过问题 3 的解决，理解函数、方程等与不等式的联系；会根据代数式的结构找到问题解决的思路。

2. 教学重难点

（1）教学重点：对不等式知识、方法及基本思想的理解。

（2）教学难点：查缺补漏，更新完善知识，从而概括归纳出解不等式的通用思路和方法。

二、教学过程设计

例题 1

已知不等式 $x^2 - 2ax + 1 > 0$ 对于 $x \in [1, 2]$ 恒成立，求 a 的取值范围。

师：让学生自己动手去做，3 分钟之后小组讨论交流。

此时教师巡视，发现学生不同的思维产物，将不同的思维产物各选择一个，正确的、错误的都要有。

生 1：由 $\Delta = 4a^2 - 4 < 0$ 得 $-1 < a < 1$。

生 2：令 $y = x^2 - 2ax + 1$，由 $y_{\min} = \dfrac{4a^2 - 4}{4} > 0$，得 $-1 < a < 1$。

生 3：原不等式转化为 $a < \dfrac{x^2 + 1}{2x} = \dfrac{1}{2}\left(x + \dfrac{1}{x}\right)$，令 $g(x) = \dfrac{1}{2}\left(x + \dfrac{1}{x}\right)$，则 $a < g(x)_{\min} = 1$，所以 $a < 1$。

生 4：将原不等式转化成 $x^2 + 1 > 2ax$。令 $f(x) = x^2 + 1$，$g(x) = 2ax$，当 $x \in [1, 2]$ 时，函数 $f(x)$ 的图像在函数 $g(x)$ 图像的上方，根据图像可得 $a < 1$。

借助学生的思维产物，教师可以提出如下问题：

1. 得出两种不同答案，哪一种是正确的

解法 1，2 的答案相同，是错误的，解法 3，4 的答案也相同，是正确的。

2. 引导学生发现问题

解法 1，2 错了，问题出在哪里，引导学生发现：

解法 1，2 所用的方法是在 $x \in R$ 时成立，而问题的条件是 $x \in [1, 2]$。

（1）引导学生画出图 8 - 4 - 1，此时的 $\Delta > 0$，但仍然符合题意。

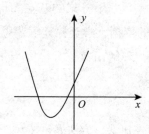

图 8 - 4 - 1　函数图像

（2）求函数 $f(x) = x^2 - 2ax + 1$ 的最小值 $f(x)_{\min} > 0$，这个思路是对的。但要讨论二次函数的对称轴与区间的关系，如图 8 - 4 - 2 所示。

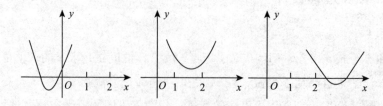

图 8 - 4 - 2　二次函数的对称轴与区间的关系

3. 展示图 8-4-2 分类讨论的结果

（1）当 $a \leqslant 1$ 时，$y_{\min} = f(1) = 2 - 2a > 0$，解得 $a < 1$；

（2）当 $1 < a \leqslant 2$ 时，$y_{\min} = f(a) = 1 - a^2 > 0$，解得 $a \in \varnothing$；

（3）当 $a > 2$ 时，$y_{\min} = f(2) = 5 - 4a > 0$，解得 $a \in \varnothing$.

4. 教师总结

（1）解法 1，2 虽然没有成功，但也是有价值的。其中用二次方程、二次函数解答二次不等式问题的思路是可行的，失败的原因是对判别式法的理解不到位。也就是没有注意到 x 的取值范围。

（2）解法 2 将二次不等式恒成立问题，转化为二次函数在闭区间上的最小值大于零，此时要讨论对称轴是否在所给区间。最值是与区间有关系的，出错的原因是：对二次函数图像的理解不正确。

（3）解法 3 是基于求 a 的取值范围，先把 a 分离出来，再把问题转化为求用变量 x 表达的代数式的值。这种分离参数的方法是解决不等式问题的一种常用方法。要注意的是在参数分离的过程中要注意不等号的方向是否发生变化。

（4）解法 4 由于正确地理解了函数图像，并借助图像直观地演示了代数式的不等关系，体现了几何直观的作用。并且，函数 $f(x) = x^2 - 2ax + 1$，是过定点（0，1）的二次函数系。

师：接下来，请同学们完成下列两个题目。

（1）已知不等式 $x^2 - 2ax + 1 > 0$ 对于 $x \in \left[-\dfrac{1}{2}, 2 \right]$ 恒成立，求 a 的取值范围。

（2）已知不等式 $x^2 - 2ax + 1 > 0$ 对于 $a \in \left[-\dfrac{1}{2}, 2 \right]$ 恒成立，求 x 的取值范围。

设计意图： ①这是在原有题目基础上产生的变化，一题多变，做到强化练习，巩固所学知识，增加学生的操作水平的同时获取数学基本技能。②教师注重引导，通过提出环环相扣的问题，使学生处于持续的思考之中。鼓励学生质疑，增加学生的思维量。教师总结点拨得很好，击中要害，易于在学生的头脑中形成良好的认知结构。③学生自主解答，然后小组讨论交流，旨在提供师生、生生交流的机会，使学生暴露所思，促成思维碰撞，更新知识。使绝大多数学生达到基本的教学目标，形成良好的认知结构。理解一次不等式、二次函数、二次方程之间的联系。

例题 2

1. 例题分析

若正数 a, b 满足 $ab = a + b + 3$, 求 ab 的范围。

师：同学们思考，我请 3 名同学作为小老师，上台讲解题目。

生 1：由 $ab = a + b + 3$ 得：$a = ab - b - 3$, $b = ab - a - 3$.

$ab = (ab - b - 3)(ab - a - 3) = (ab)^2 - (a + b)ab + 7ab - 3(a + b) + 9$.

将 $a + b = ab - 3$ 代入，并整理得：$ab = (ab)^2 - (ab - 3)ab + 7ab - 3(ab - 3) + 9$.

生 2：由 $a > 0$, $b > 0$, $a + b + 3 = ab$ 得 $b = \dfrac{a + 3}{a - 1}$ $(a > 1)$.

所以 $ab = a \cdot \dfrac{a + 3}{a - 1} = \dfrac{a^2 + 3a}{a - 1}$.

令 $y = ab$, $a = x$ 得到 $y = \dfrac{x^2 + 3x}{x - 1}$ $(x > 0)$.

整理得 $x^2 + (3 - y)x + y = 0$ (1)

因为方程 (1) 有根，所以 $\Delta = (3 - y)^2 - 4y \geq 0$, 解得 $y \leq 1$ 或 $y \geq 9$.

生 3：$ab = a + b + 3 \geq 2\sqrt{ab} + 3$.

令 $t = \sqrt{ab}$, 得 $t^2 - 2t - 3 \geq 0$, 解不等式得 $t \leq -1$ 或 $t \geq 3$.

$\because a > 0$, $b > 0$, $\therefore ab \geq 9$.

（1）解法 1 的修正：化简结果是左边 ab，右边也是 ab。此解法是把 ab 当作目标函数，求出表达式，这种解题思路是可取的，但是没有分离出 a 或 b，导致循环论证，所以没能成功。其实，只需要稍加修改，分离出 a 或 b，使得目标函数只含有一个未知数，这就变成了解法 2 的情形。

（2）解法 2 的修正：看成目标函数，消去 b，得到一个关于 a 的目标函数 $ab = \dfrac{a^2 + 3a}{a - 1}$，离成功的目标近了很多，但还是差一点。

2. 提出问题

（1）解法 2 错在哪里？（没有注意到 x 的范围，应修改为方程有正根）。

（2）转化到根的分布问题，方程不仅有根而且有正根，所以仅有 $\Delta \geq 0$ 是不够的，那么该如何解决呢？

（3）怎样改正呢？

得出方程 $x^2 + (3-y)x + y = 0$ 后，令 $f(x) = x^2 + (3-y)x + y$，则函数 $f(x)$ 仅仅与 x 的正半轴有交点，可得

$$
\begin{cases}
f(0) > 0 \\
f\left(\dfrac{y-3}{2}\right) \leqslant 0 \\
\dfrac{y-3}{2} > 0
\end{cases}
$$

解得 $y \geqslant 9$.

（4）请学生对上述出现错误的原因作一小结。

（5）化为目标函数后，还有其他解法吗？

生：通过拆分，转化为"对勾函数。"

$\because a > 0$，$b > 0$，$b = \dfrac{a+3}{a-1}$

$$
ab = \frac{a^2 + 3a}{a-1} = (a-1) + \frac{4}{a-1} + 5 \geqslant 4 + 5 = 9
$$

$\therefore ab \geqslant 9$.

（6）解法 3 的途径是如何得到的？

生 1：基于对基本不等式的理解，两个正数的和可以变为这两个正数的积，变的方法是把等量变为不等量。

生 2：将 ab 视为主元，由此，原来的等量关系变为不等量关系，原问题转化为解一元二次不等式。

3. 教师总结

（1）三个同学给出三种解答：生 1、生 2 没有做出的原因是对有关概念、方法的理解没有到位。但也是有可取之处的，只要稍加修改，就能解决问题。可见每一种做法都是有它的价值的。

（2）联想到 $a + b$ 与 ab 之间的关系，利用均值不等式 $a + b \geqslant 2\sqrt{ab}$ 使问题得以解决，这给了我们一种解决问题的通用方法：即从代数式的结构入手，分析解题思路。

（3）问题条件呈现的是等式，所求则是某个量的范围，对于这类不等式，

可以联系我们之前学过的两个知识来解决，一是已知函数（等式）求值域，二是利用基本不等式，理解掌握这些知识。根据问题本身，寻求解题思路。

4. 扩展练习

老师编出了以下题目，同学们尝试独立完成。

（1）所给条件不变，改变 $a+b$ 的范围；

（2）如果去掉条件 $a>0$，$b>0$，那么 ab 的范围是什么？

（3）已知 $a>b>0$，$ab+a+b=3$，那么 ab 的范围是什么？

设计意图：①老师编出一组题目，让学生通过练习，达到技能熟练、举一反三的目的。通过类似的练习题巩固所学知识，提高学生的应用水平和解题能力。②让学生当小老师来讲解题目，不仅丰富了课堂教学形式，还给学生提供了自我展示的平台。学生可以说出自己的想法和理解，教师给予点拨和评价，这是一种很好的师生、生生交流方式。③题目已知条件以等式的形式呈现，所求结果为不等关系。通过此问题的解决，使学生建立对代数式的敏感，从式子的结构中找到解题的思路。

例题 3

1. 例题分析

设 $a\in R$，若 $x>0$ 时，均有 $[(a-1)x-1](x^2-ax-1)\geq 0$，求 a 的值。

师：同学们独立思考，自主解题。

生 1：$[(a-1)x-1](x^2-ax-1)=0$ 有 3 个零点，$x_1=\dfrac{a-\sqrt{a^2+4}}{2}$，$x_2$

$=\dfrac{a+\sqrt{a^2+4}}{2}$，$x_3=\dfrac{1}{a-1}$.

生 2：原不等式转化为 $x^2a^2-(x^3+x^2)a+(x^3+x^2-x-1)\leq 0$.

试图将它看成关于 a 的二次不等式，但无法继续。

生 3：将 $x=2$ 代入得 $(2a-3)(-2a+3)\geq 0$，所以 $a=\dfrac{3}{2}$.

生 4：原问题等价于 $y=(a-1)x-1$ 与 $y=x^2-ax-1$ 同时非正或非负。易知函数 $y=(a-1)x-1$ 与 $y=x^2-ax-1$ 的图像都过定点 $P(0,-1)$。

若 $a\leq 1$，如图 8-4-3，当 $x>0$ 时，函数 $y=(a-1)x-1$ 的图像恒在 x 轴下方，而函数 $y=(a-1)x-1$ 的图像总有一部分在 x 轴上方，不符合题意。

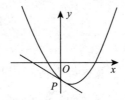

图 8 - 4 - 3　函数 $y = (a-1)x - 1$ 与 $y = x^2 - ax - 1$ 的图像

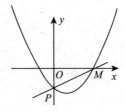

图 8 - 4 - 4　函数 $y = (a-1)x - 1$ 与 $y = x^2 - ax - 1$ 的图像

若 $a > 1$，如图 8 - 4 - 4，由如果 $x > 0$ 时，均有 $[(a-1)x - 1](x^2 - ax - 1) \geq 0$ 得函数 $y = (a-1)x - 1$ 与 $y = x^2 - ax - 1$ 的图像应与 x 轴交于一个公共点 M。

在 $y = (a-1)x - 1$ 中，令 $y = 0$，得 $x = \dfrac{1}{a-1}$，所以 $M\left(\dfrac{1}{a-1}, 0\right)$。

代入 $y = x^2 - ax - 1$ 中，解得 $a = 0$（舍去）或 $a = \dfrac{3}{2}$，所以 $a = \dfrac{3}{2}$。

2. 教师总结

（1）解法 1 的修正。

x_1，x_2 的符号是确定的，$x_1 < 0$，$x_2 > 0$，并且 $x_3 = \dfrac{1}{a-1}$ 也必须为正，要使 $x > 0$ 时均有 $[(a-1)x - 1](x^2 - ax - 1) \geq 0$，则函数在 x_2 处必有重根，所以 $x_2 = x_3 > 0$，即 x_3 也是 $y = x^2 - ax - 1$ 的零点。

所以 $\left(\dfrac{1}{a-1}\right)^2 - a\left(\dfrac{1}{a-1}\right) - 1 = 0$ 解得 $a = \dfrac{3}{2}$ 或 $a = 0$（舍去）。

（2）解法 2 的修正。

$x^2 a^2 - (x^3 + x^2)a + (x^3 + x^2 - x - 1) \leq 0 \Leftrightarrow [xa - (a-1)][xa - (x^2 - 1)] \leq 0$，由 $x > 0$ 且 $x^2 > 0$，所以关于 a 的不等式恒成立，可知 $a = \dfrac{x+1}{x} =$

$\dfrac{x^2-1}{x}$，解得 $x=2$，所以 $a=\dfrac{3}{2}$。

（3）解法 3 的修正。

师：结论是怎样得到的，以及这样做的理由是什么。学生如果说不出来，教师应该鼓励引导学生，将解法 4 结合起来，其实只要两个函数有共同的零点 $x=2$，即图 8-4-4 中的 M 点满足题意。

（4）解法 4 的修正。

教师点出，这是用函数图像直观解决不等式。

3. 归纳、概括

（1）解法 1 从函数的零点出发，解法 2 将 a 看作主元，使问题得以解决，体现了方程、函数与不等式的联系。

（2）解法 4 将三次函数问题抽丝剥茧，逐步转化为二次函数问题，体现了化归与转化的数学思想。

设计意图：①让学生自主动手解决问题，通过交流，比较学生所思所想，教师归纳出解决问题的思路。②教师通过提问学生，了解学生的思路和对于题目的掌握情况，通过提问不同层次的学生，引导学生更进一步思考，进行深入的探究，提高学生的思维水平和解题能力，激发学生探究知识的热情。③理解方程的根，函数的零点，以及不等式之间的关系。

通过问题的小结，不要求面面俱到，只希望每位学生都能有所收获。个别发言，给学生创造交流和自我展示的平台。通过交流，相互促进，加深理解，概括、归纳本节课的所得，获取简洁通用的思路和方法。

第九章

核心素养下的高三数学复习课教学

随着新课程方案不断地实施与改进，高考也随之推进变革。目前，新课程中强调学生学习方式的转变，而高考在命题上也更加注重了学生的数学综合能力和数学核心素养考核。面对这样的变化，传统的高三复习模式也应该与时俱进，尤其一轮的复习更应起到承上启下的作用，其效果直接关乎高考的成与败，在高三复习中至关重要，所以高三数学一轮复习也要与新课程和高考的要求相呼应。在以往的高三数学复习教学中，复习过程由于没有适宜的教学模式为指导，使得学生在一轮学习中处于被动状态，缺乏学习的兴趣和积极性，导致学生高强度低效率的复习结果，使得一轮复习失去了本该有的效果，综合能力和数学核心素养更为无稽之谈。

在高三数学一轮复习过程中，教师如何有效地组织课堂和引领学生梳理整合知识是备受关注的问题。本章重点分析传统一轮复习模式和高三数学一轮复习教学新法——"综合题引领法"复习模式的宏观建构。

第一节　传统一轮复习模式分析

一轮复习的目的是使学生对已经学过的知识重新认识，经过整理后形成完整的学科知识体系，二轮则是在此基础上找深度，通过综合练习来提升综合能力。这两轮的侧重点和时间安排上划分得清晰明了，尤其第一轮复习，历时时间长和知识范围广，在地位上被视为重中之重。从模式目标上分析，一轮复习的重点在课本的基础上，促使学生重新认识概念、定义的生成过程并灵活记忆（如直线方程的复习）。

一、直线的斜率公式

（1）定义式：若直线 l 的倾斜角 $\alpha \neq \dfrac{\pi}{2}$，则斜率 $k = \tan\alpha$.

（2）两点式：P_1 (x_1,y_1)，P_2 (x_2,y_2) 在直线 l 上，且 $x_1 \neq x_2$，则 l 的斜率 $k = \dfrac{y_2 - y_1}{x_2 - x_1}$.

二、直线方程的五种形式

直线方程的五种形式，如表 9 - 1 - 1 所示。

表 9 - 1 - 1　直线方程的五种形式

形式	几何条件	方程	适用范围
点斜式	过一点 (x_0,y_0)，斜率 k	$y - y_0 = k(x - x_0)$	与 x 轴不垂直的直线
斜截式	纵截距 b，斜率 k	$y = kx + b$	与 x 轴不垂直的直线
两点式	过两点 (x_1,y_1)，(x_2,y_2)	$\dfrac{y - y_1}{y_2 - y_1} = \dfrac{x - x_1}{x_2 - x_1}$	与 x 轴、y 轴均不垂直的直线

续　表

形式	几何条件	方程	适用范围
截距式	横截距 a，纵截距 b	$\dfrac{x}{a} + \dfrac{y}{b} = 1$	不含垂直于坐标轴和过原点的直线
一般式		$Ax + By + C = 0$，$(A^2 + B^2 \neq 0)$	平面直角坐标系内所有直线

教学分析：北师大版课本《数学》必修 2 第三章内容中讲解了此部分知识，首先给出了斜率 $=\dfrac{增高量}{前进量}$，其次为五种直线方程的推导过程、定义及表示方法。新课讲授时，每个直线方程都需一课时甚至更多课时进行完成，并要求记忆和简单地运用；一轮复习过程中，则需要学生进行一系列整体的总结和认识，要求学生在认知上有整体的框架建构。所以各类资料包括备课都利用表格式对五种直线方程进行总结和比较，使学生在形式、几何意义和适用范围上一目了然，促使学生形成一个关于直线方程的完整的知识体系，之后结合教辅资料，进行练习回顾，从而达到一轮基础复习的目的。

从思维层面上分析，传统一轮复习看似符合布鲁姆的思维层次：记忆—领会—运用—分析—综合—评价，教师首先帮助学生整合总结知识，利用最便利、简单的方式使学生快速记忆概念、定义和公式等。其次进行练习使学生领会各个公式的使用范围和注意事项。最后通过检测进行查漏补缺，整个的复习过程都以课本基础知识为主。

但在课堂实施过程中，多数采取传递—接受教学模式，一般程序为：知识梳理—基础自测—巩固检测。如上述"直线方程的复习"一课，教师运用 PPT 进行表格图式展示，引领学生以填空的形式进行回忆，促使学生进行基础知识梳理，其次根据复习资料进行基础练习，以便对刚刚习得的基础知识加以运用，最后进行有针对性的检测，目的是对复习过的内容进行查漏补缺，对不熟悉或遗漏的知识点加以补充。该模式虽能有效地对基础知识进行复习，但是教师成了课堂的主体，学生实现不了真正的主体地位，在学习上也表现得"被动"，记忆死板、不灵活，容易遗忘，学习态度烦躁等，最终导致了一轮复习低效。

第二节 "综合题引领法"一轮复习模式建构

一、"综合题引领法"一轮复习模式设计要求

1. 要体现学生的主体地位

综合题引领一轮复习教学过程是基于学生已有的知识经验上，在课堂上经过一系列教学活动和师生的共同参与来实现的，它属于复习课的范畴，所以教学过程中要求尽量发挥学生学习的主动性，使学生在头脑中建构概念、定义和公式的生成过程及联系。

2. 要注重教师的指导性

新课标极力倡导学习方式的变革，教师在教学过程中可根据学生的实际情况选择适宜的学习方式，但是在学习方式的变革和利用中，教师必须起到指导作用。"综合题引领法"一轮复习模式就是根据学生的实际情况，在学生方式上进行改变，使学生更好地在一轮复习过程中达到高效，所以该模式在运用的过程中必须体现教师的指导性。例如，复习函数 $y = A\sin(\omega x + \phi)$ 的图像和性质，教师则需分析考纲要求以确定教学目标和任务：①了解其物理性质；②能画其图像；③熟练参数 A，ω，ϕ 对图像变化的影响。在教学过程中，教师则根据学生实际情况进行合理的筛选，并进行有效指导。

3. 要体现综合题的引领

本书模式以综合题为引领，并非真正意义上的对综合题的分析和解答，而是以综合题的问题情境为抓手进行建构，引领学生回归到"根"（概念、定义、公式）的复习，进而达到一轮的复习效果。从知识点角度分析，综合题问题情境可以引领学生认识到各章节知识点的穿插和联立，使学生对知识点之间有整

体的把握和系统的认知，使学生能自主地丰富已有知识树；从学生学习态度分析，综合题问题情境能有效地指引学生明确学习的目标和任务，有效地增强了学生学习数学的兴趣，提升学生学习的积极性。

二、"综合引领法"一轮复习模式设计原则

（一）课时化原则

课时化，是教学组织的一种形式，我国中小学的教学组织形式都采取"班级授课制"。"班级授课制"定义为按照某种准则（如知识程度与年龄），把一定数量的学生组织成固定的班级，依据安排好的时刻表有计划上课的一种教学形式。课时，定义为一节课所占用的时间，一般包括课时安排、课时计划和课时目标。"综合引领法"一轮复习模式，就是在所规定的课时内进行，教师依据知识点的多少对课时有计划、有目的合理安排，也可以根据学生思维的最佳时间理论进行必要的调整以提高课时效益。例如，导数概念及应用的复习课，依据考纲和内容要求，分四课时进行，第一课时：《变化率、导数概念和几何意义复习》；第二课时：《导数与函数的单调性》；第三课时：《导数与函数的极值》；第四课时：《导数与函数的最值》。

（二）模块化原则

模块化，主要针对的是教学内容，即为顺利完成教学任务，依据一定的规律将教学内容进行划分，以便教学任务顺利完成。

凯洛夫将课分成单一课和综合课。单一课指一个课时内完成某一特定阶段的任务，综合课指一个课时内完成两个以上或全部教学阶段的任务。一般情况下，我们认为新课授受为单一课，复习课为综合课。与高一、高二的新授课比较，高三的课程都以复习课的形式呈现，所以复习课体现出了综合的特点。

为保障一轮复习的顺利进行，要将所学内容划分若干模块进行，例如，教师可依据教材的目录，将高中数学内容大致总结为"集函列向不等角，二何导排复概极"，即集合、函数、数列、向量、不等式、三角函数、立体几何、解析几何、导数、排列组合、复数、概率统计、极限共 14 个模块，然后再根据新课标和高考大纲要求进行重难点划分，按照一轮复习的时间对复习内容进行合理的安排。"综合引领法"一轮复习模式，体现了复习课综合的特点，教师可根据将要复习的模块，有针对性地选择筛取适宜学生学习的综合题在课堂上进行实施。

（三）问题化原则

1. 定义

问题化，是体现在导课方法上的一种教学艺术，主要以创设问题情境来启迪学生的思维和激发学生的兴趣。"综合引领法"一轮复习模式，实质上是以综合题问题为情境，同时结合学生已有的认知，让学生在轻松、愉快的教学氛围中获取知识的一种教学模式。以问题为情境进行课堂实施，能够有效地提升学生的兴趣和需要，不仅有助于学生掌握基础知识，还有助于学生形成良好的学习态度。

2. 举例

对于直线方程，可以提出如下的问题让学生思考：

（1）为什么除了一般式直线方程外，其他四种直线方程要求"与 x 轴不垂直"？

（2）如果垂直，则斜率不存在，为什么？（分母不为 0）

（3）分母不能为 0，为什么？（无穷）

（四）回归课本原则

回归课本，绝不是"看书"，而是"思考"书，主要思考概念、定义和公式的生成过程及使用规则。无论是新课标的倡导，还是高考的要求，或一轮复习的目的，都要求学生对基础知识的熟练掌握。因此，在高三数学浩如烟海的知识系统中，无论用何种模式进行一轮复习，都要回归课本进行最基础的复习。基础性，即概念、定义和公式，它是整个数学知识体系的出发点和逻辑依据，具有普遍性、共同性、发生性和起始性特点，学生以后习得的知识必须以它为准备条件。

三、"综合引领法"一轮复习模式设计思路

"综合引领法"一轮复习模式，是为了实现一轮复习的教学目的，将教学的各章节进行有效的组合，形成可操作性程序的教学模式，该模式分四个环节，分别为：引领预设、题意分析、知识回归、巩固练习。以下对该模式各环节的理论基础、特点和优势进行一一阐述。

（一）理论基础

理论基础反映了教学模式的内在特征，也决定了模式的方向性和独特性，它是教学模式所依赖的灵魂和精髓。以下介绍各阶段的理论依据：

（1）引领预设：在前文中提到过四大要素：情境、协作、交流、意义，即

建构主义学习理论。综合题的引领主要体现在问题的情境上，情境的选择决定了复习的方向和模块，该模式第一环节的"引领预设"就体现在了"情境"的选择上。

（2）题意分析：波利亚"怎样解题表"理论的"弄清问题"，实质上为该模式的"题意分析"指明了方向和方法。

（3）知识回归："拟定计划"为该模式的"知识回归"提供了思考空间。

（4）巩固练习：罗增儒教授解题因素理论提倡的"知识结构"为一轮复习明确了总目标和终极要求，知识结构的建构和丰富，需要学生根据不同的问题外延和适用范围，对已经习得的知识进行系统地规划、总结和梳理。

（二）特点分析

引领预设—题意分析—知识回归—巩固练习是"综合引领法"一轮复习模式的四个环节，该模式具有三个显著特点：

1. 操作性

该模式所提出的要求便于任何教师和各层次学生的理解、运用及把握，它不是空洞想象而成的，而是从理论分析的基础上揭示了教学的规律，容易被理解和操作的。下面对各个环节的操作进行说明：

（1）引领预设：主要针对教师来设计。该环节需要教师有充足的资源，主要为近几年的高考题和各地区的高考模拟试题，结合学生的实际水准选择适宜的综合题，以便引领。

（2）题意分析：需要教师在课堂上体现主导作用。教师以提问的形式加以引领，目的是确定学生的心向，使学生自主地回忆和提取已有知识。提出的问题可根据学生的层次适当选择，也可根据时间的安排进行数量的增减。

（3）知识回归：是该模式的核心部分。教师一定要根据确定的心向引领学生进一步确定复习模块，同时回归课本，使学生再次认识概念、定义和公式的生成过程，它体现了知识的本质和数学素养。

（4）巩固练习：是学生提取方法和数学思想的环节，也是学生通过举一反三的练习进行不同情境的比较、提升综合能力和高阶思维的关键步骤。

2. 整体性

任何一种教学模式都拥有一套属于自身的完整结构，包括一定的基本理论、目标、程序和评价等。在运用时必须从整体上进行把握，了解其基本原理，掌握其方法。下面对该模式的整体性进行各阶段的说明：

（1）引领预设：课前教师的思考，主要指备课。教师根据新课标和高考的要求，结合一轮复习目标和学生的具体情况，选择最合适的顺序和表达方法，以保证课堂的有效进行。

（2）题意分析：教师根据学生的实际情况在课堂上以提问的形式进行施教，促使学生确定心向以便积极的思考，使复习的模块更加具体化和针对性。

（3）知识回归：根据所针对的模块单元知识点，使学生回归课本以寻求所需的概念、定义和公式，教师引领学生对基础知识的生成过程进行分析总结，从而达到一轮复习的目的。

（4）巩固练习：练习不同问题外延下的同类题目，加强学生知识结构的建构和丰富。所以该模式在结构上是完整的，在原理和方法上是得当的，具有显著的整体性。

3. 针对性

任何一种教学模式都有其不同的适用范围，都有其明确的针对性。例如，以"发现式"为主的教学模式适用于理科的教学，却不适合体育教学。三轮复习模式，每一轮针对的内容和要求都不同，一轮主要针对基础内容进行复习，要求学生对基础知识进行梳理归纳，使知识系统化，"综合引领法"一轮复习模式也是在一轮的总目标和要求基础上进行展开实施的，针对的内容和要求是统一一致的，只是课堂实施环节各有差异而已。

（三）优势分析

教学模式最大的作用在于它在建立上为理论与实践的联系提供了方法的指导，它可谓教学理论和教学实践的中介。"综合引领法"一轮复习模式有其自身优势，下面对其各环节的优势进行具体说明：

（1）引领预设：以综合题的问题情境为引领，加强了教学的针对性和计划性，有利于发挥教师的主导作用，使一轮复习不必拘泥于课本的程序安排上，能更好地引领学生对所有章节的内容进行跳跃式的联系比较，同时为"如何引领"提供了有效的指导。

（2）题意分析：在课堂实施中，教师通过提问的方式对学生进行引领，学生能很好地对已有的基础知识进行提取和思考、联系和比较，使学生的学习心态发生了积极的变化，提高了学生学习的兴趣，使之在学习上有了针对性，消除了学习中盲目的态度，为下一环节的进行打下了基础。

（3）知识回归：能引领学生进行概念、定义、公式的本质理解和整体认识，使学生自主回归课本并对已有的认知再次思考和加工，有效地提升了知识习得的能力，在学习状态上由"死记硬背"转变成"灵活运用"，在知识结构上，更加丰富了已有的知识树，并使知识树更具穿插性、连贯性和系统化，推进了学生对数学知识的习得，使知识结构纵横交错，融会贯通，使"记忆"提升到了高阶思维阶段水准，充分体现了新课标的要求和核心素养的培养。

（4）巩固练习：根据不同问题情境下的外延进行举一反三的练习，促使学生对习得的知识进行总结和比较并灵活运用，使学生已有的知识树更加丰富，使之知识结构更加优化。

四、"综合引领法"一轮复习模式设计流程

在设计流程上，笔者主要借助在课堂的背景下对四个环节进行分析。

（一）引领预设环节的实施策略

该环节是教师备课时的任务和教学前的准备。教师要根据复习的课题，合理预设教学目标，其中主要包括学生的知识系统、方法系统、能力系统，然后根据目标选择恰当的综合题作为抓手展开复习，综合题要体现出"好问题"。"好问题"应具有复合性、探究性和典型性的特点，复合一定的基础知识，能探究出一定的数学思想方法，同时又有举一反三中"一"的典型性。罗增儒老师提出："数学其实就是解决问题。"数学问题的解决经常借助一定问题情境为平台来开展的，而一轮复习面对的问题是学生对基础知识的记忆和灵活运用，所以一轮复习在一定问题情境中开始，能第一时间确定学生思考的方向（心向），促使学生快速地为解决问题而思考。

例如，在一轮复习函数单调性概念上，可以考虑选择如下综合题：

已知函数 $f(x) = x - \dfrac{2}{x} + 1 - a\ln x$，$a > 0$. 讨论 $f(x)$ 的单调性。

与此同时，一轮复习的目的不仅仅只是运用综合题问题情境引领学生再熟悉基础知识，更重要的是指导和帮助学生进行基础知识点的意义链接，使知识点的层次更具逻辑性，以便学生的目标更加准确，心向更具详细，高阶思维的训练得以体现。

设计意图：通过求单调性的问题，引领学生回忆必修 1 第一节所涉及的单调性定义，具体求法是：取值—作差—化简—定号，之后在选修课本导数内容里又涉及单调性问题，根据所求的问题和已知条件，对二者的定义进行比较分析，刺激学生的心向选择和对问题的思考，帮助学生建构知识网络系统，提升学生学习的兴趣和激情。

（二）题意分析环节的实施策略

该阶段体现了课堂上的具体实施过程。在课堂上，教师用提问题的方式进行引领复习，目的是使学生自主回忆和提取组合已有的知识。问题的数量和层次应根据课堂的时间和学生的层次来定。

数学问题都有很强的连贯性，教师在备课时可以根据综合题问题的逻辑外延，编制一些连贯的小问题，通过提问来引领学生对已有的知识进行联系和比较，以促使学生积极思考。

例如：过点 P（2，1）且与圆 $x^2 + y^2 - 2x + 2y + 1 = 0$ 相切的直线的方程为_____。

（1）$x^2 + y^2 - 2x + 2y + 1 = 0$ 代表了什么方程？

（2）x^2、y^2 的系数必须为 1 吗？

（3）圆是如何用语言叙述的？圆的方程是怎样得到的？

（4）一般方程和标准方程有何不同？为何两种？用什么方法转化？为何转化？

（5）与圆相切的直线有什么特点？隐藏的条件是什么？

（6）直线方程有几种形式？

设计意图：该题在北师大版必修 2 圆的方程环节中以习题的形式出现，是一道基础题，从考查知识点角度分析，该题可视为简单式综合题，主要针对各层次的学生进行复习。教师以提问的方式引领学生积极地思考，如（2）中的 x^2、y^2 的系数必须为 1 吗？可以拓展学生对圆的方程的进一步理解认识，（6）直线方程有几种形式？可引领学生对直线方程进一步地总结和灵活提取运用，使学生体会：圆和直线的知识有密切的联系，不可分割，这也是北师大版课本必修 2 把这两部分内容紧挨在一起的原因所在。

（三）知识回归环节的实施策略

1. 理论依据

《新课程标准》倡导教师在一轮复习过程中特别注重课本资源的利用、开发和再创，鼓励教师成为探究者和创造者，并深入研究课本知识内在联系和思想。近些年的各省高考试题也充分体现了教材的基础作用，同时也指明了教材是高考试题的来源，课本中的例题和习题成了高考命题的依据。所以，知识回归课本是任何一种复习模式都必不可少的核心步骤，而不同的是回归方式问题。

综合题引领一轮复习，经过第二阶段的"题意分析"确立了学生的心向和思考，在此基础上再次引领学生回忆课本中所涉及知识点的呈现过程，引领学生对课本结构安排的整体认识，引领学生体会概念、定义和公式的生成过程等。

2. 举例

圆的方程复习课选取以下综合题：

求圆心在直线 $2x - y - 3 = 0$ 上，且过点（5，2）和（3，-2）的圆的方程。

设计意图：该题的目的是求圆的方程，学生可能会想到两种圆的方程：标准方程和一般方程；该圆经过两点，学生可能会想到用待定系数法进行解答；圆心在直线上，学生可能会想到点与直线的位置关系问题等。如何引领学生进行有效地组织和提取知识，则成了课堂的教学核心，而知识结构则是其基础。

3. 教材分析

现在教师需要做的是引领学生回归课本，对课本内容编排进行分析。

教材分析：北师大版必修 2 课本中第四节 4.1 分两个课时，第一课时通过简单推导得到了圆的标准方程 $(x-a)^2 + (y-b)^2 = r^2$ $(r > 0)$，然后依据两个简单的例题说明了 $(a，b)$ 和 r 的意义，第二课时直接用完全平方公式对圆的标准方程化简，从而定义了圆的一般方程，并对一般方程 $x^2 + y^2 + Dx + Ey + F = 0$ $(D^2 + E^2 - 4F > 0)$ 的 "D、E、F" 进行一系列的分析。4.2 讲述了直线与圆的位置关系和圆与圆的位置关系。

4. 引领学生梳理和整理知识

教师需要引领学生梳理和整理知识，帮助学生优化知识结构。

圆的标准方程 $(x-a)^2 + (y-b)^2 = r^2 \longleftrightarrow$ 圆的一般方程 $x^2 + y^2 + Dx + Ey + F = 0$

（几何意义）↓   ↑（代数意义）

两点距离公式 $|P_1P_2| = \sqrt{(x_2 - x_1)^2 + (y_2 - y_1)^2} \longleftrightarrow$ 圆的定义（圆心，半径）

                   ↓↑   ↓   ↑

勾股定理 $a^2 + b^2 = r^2$

5. 让学生进行思考

教师引领学生通过上述图示，使学生充分思考和理解以下三个问题：

（1）圆的方程为什么定义了两个？彼此是如何转化的？

（2）根据题意的已知条件和问题，你会选择哪个方程？如何解决该题？

（3）圆的方程的根源在哪？

这三个问题体现了回归课本的本质和数学核心素养的培养，为优化学生的知识结构提供了有利的帮助。

（四）巩固练习环节的实施策略

1. 定义

巩固，即通过各式各样的复习，对学过的信息进行再记忆并使之在头脑中形成固定的联系。知识的巩固是一个不断吸收新知识的过程，是运用知识形成技能的基础。

传统一轮复习模式，对所学章节内容进行总结完毕后，马上进行习题的练习，实质上就是一种巩固的手段，目的是对概念、定义和公式进行熟练的记忆和灵活运用。"综合引领法"一轮复习模式，在此阶段，学生已经对基本的概念、定义有了清晰的认识和系统的总结，这时需要教师呈现同类题目，使学生在不同的问题逻辑外延下再次进行分析总结。

2. 举例

解三角形（正弦定理、余弦定理）：

（1）在 $\triangle ABC$ 中，内角 A，B，C 的对边分别为 a，b，c，且 $b\sin A = \sqrt{3}a\cos B$。

① 求角 B 的大小；

② 若 $b=3$，$\sin C = 2\sin A$，求 a，c 的值。

（2）在 $\triangle ABC$ 中，角 A，B，C 对边分别为 a，b，c，角 A，B，C 成等差数列。

① 求 $\cos B$ 的值；

②边 a，b，c 成等比数列，求 $\sin A\sin C$ 的值。

设计意图： 学生对同类的综合题进行举一反三的分析总结，对已经学过的信息再次深刻记忆并交叉联立，再次丰富已有的知识树和优化已经建成的知识结构，使基础知识能灵活地记忆、提取、组合，从而达到一轮复习的高效，真正实现了新课标所要求的"知识与能力并用"。

第三节　高中数学复习课中的"问题串"设计

一、"问题串"的含义与类型

1. "问题串"的含义

"问题串"是指在指定的教学内容范围内，围绕课标与教材制定好的教学目标、按照学生思维发展的逻辑结构以及知识自然生成的顺序设计的一组问题。

2. 数学"问题串"的类型

根据数学"问题串"的功用，通常可将其分为如下六种类型。

（1）情境性问题串。

情境性问题又称为疑问的刺激模式，指的是能够通过情境与形式去构建及产生问题。问题情境起着解决问题的思维定向作用，使学生集中注意力于问题的解决中。设计一个"情境性问题"，能够激起学生的认识矛盾冲突，引起研究的兴致，鼓励学生积极参加研究的探索活动。

（2）铺垫性问题串。

铺垫性问题是指，为实现较难的教学目标而寻找到一些本质上有联系的简单问题或相关知识点或与解决该教学目标问题有相似方法的问题。当研究的"目标性问题"比较困难时，可以设置恰当的"铺垫性问题"，引导学生顺利地解决问题。教师在授课过程中通常采取"铺垫"的方式，以代入式的授课形式将学生一步步引入将要提出的问题上，使他们能够对这类问题有初步的掌握。

（3）目标性问题串。

"问题串"教学方法一般是以提出和分析一系列"目标性问题"的形式来

完成教学任务的，"目标性问题"深入知识核心，是教师引出及讲授知识点的关键问题。课堂提问是为了实现教学目标。因此，必须紧紧围绕教学目标，有目的地设计数学"问题串"。

（4）辨析性问题串。

辨析性问题是指，针对那些难以掌握的数学定义及相关定理，在变更定义及相关定理的表述形式和涉及范围的情况下设计出的一些问题。通常通过改变概念和定理的内涵和外延，让学生辨析其真假，有利于学生深刻理解该概念和定理的本质。

（5）应用性问题串。

应用性问题是指为了巩固所学的新知识和新方法，并检验学生的学习情况而设置的问题。

（6）悬念性问题串。

"好的课堂结束是下一个好课的开始"。悬念是指那些悬而未解的问题。课堂结尾时可以通过悬念性问题与下一教学过程要学的内容发生联系，使学生产生悬念。学生在学习中产生悬念心理具有巨大的潜在动力，以激起学生对学习新知的渴望和动机。

以上六种"问题串"，在不同的课型中侧重点各异，一节课也不必面面俱到。

二、"问题串"设计的原则

所谓"问题串"设计原则，是指进行"问题串"设计时必须遵循的基本要求和准则。高中数学的教学问题串设计原则，是高中数学教师在数学问题串教学过程中实施问题串设计的最优化所必须遵循的基本要求和指导原理。

1. 激趣性原则

根据维果斯基的"最近发展区"，问题串的设计一是要符合学生的认知水平，激发学生学习的兴趣；二是要符合学生的最近发展区，这样学生才能有所收获。

2. 针对性原则

教师所提出问题的目的必须是明确清晰的，有一定的针对性和标准，明确体现提出这个问题的目的，这样才能保证课堂教学的有效性。

3. 准确性原则

问题陈述准确与否直接影响了学生对问题的理解方向以及回答的质量。教师在提问时应该用通俗易懂的词语，同时表述要到位，减少口语化的语言。

4. 渐进性原则

问题串的设计要符合循序渐进原则，难度适宜的问题串可以让大部分学生感受到成功的喜悦感，从而增强学习的自信心，主动积极参与到学习活动中。

5. 层次性原则

问题串设计具有层次性，不管是横向还是纵向结构，都要由表及里，由浅入深，由特殊到一般。

6. 深刻性原则

问题串的设计一方面要体现数学知识内在的联系，还要向学生揭示数学解题中所蕴藏的数学思想方法以及这些思想方法是如何被体现出来的，这样通过长期的培养渗透，学生学会自己提出问题，帮助自己独立完成数学问题，同时学会思考问题的方式。

三、高中数学复习课中的"问题串"设计策略

在高中数学复习课教学中，"问题串"起到引领学生梳理知识体系，巩固重点、难点，把握数学思想方法的作用。复习课中的"问题串"，注重知识的串联，方法的渗透，技巧的掌握。

复习课的问题串设计重点是目标性问题，直接提出复习目标性问题，诸如：本章学习了哪些知识点？知识之间有什么联系？这些知识点有什么用途？以下问题需要用什么知识来解决？

【案例】平面向量的复习课"问题串"设计

下面设计平面向量的复习课"问题串"，分为：铺垫性问题、目标性问题和应用性问题。

1. 设计本课的铺垫性问题

问题1：以下命题中，哪些是正确的？

① 若 $\vec{a}$ 与 $\vec{b}$ 都是非零向量，且 $\vec{a}$ 与 $\vec{b}$ 共线时，则 $\vec{a}+\vec{b}$ 必与 $\vec{a}$ 或 $\vec{b}$ 中一个方向相同；

② 若 $\vec{e}$ 为单位向量，且 $\vec{a} // \vec{e}$ 则 $\vec{a} = |\vec{a}| \vec{e}$；

③ $\vec{a} \cdot \vec{a} \cdot \vec{a} = |\vec{a}|^3$；

④ 若 $\vec{a}$ 与 $\vec{b}$ 共线，$\vec{a}$ 与 $\vec{c}$ 共线，则 $\vec{c}$ 与 $\vec{b}$ 共线；

⑤ 若平面内四点 A、B、C、D，必有 $\overrightarrow{AC} + \overrightarrow{BD} = \overrightarrow{BC} + \overrightarrow{AD}$。

预设：对于①，若和向量是零向量，不成立；对于②，若 $\vec{e}$ 与 $\vec{a}$ 反向，则不成立；对于③，结合律不成立；对于④，若 $\vec{b}$ 是零向量，则不成立；根据向量分解的知识容易知道，只有⑤正确，故答案选⑤。

设计意图：通过设置一个基础性的辨析性问题，包含了全章的重点知识，通过旧问题综合在一起，引领本章的系统知识。

2. 设计本课的目标性问题

（1）**问题 2**：平面向量全章的知识结构是怎样的？

预设：引导学生归纳本章知识体系，绘制知识结构方框图。

（2）**问题 3**：平面向量全章的重要公式、定理有哪些？

预设：

① 平面向量基本定理：如果 $\vec{e_1}$，$\vec{e_2}$ 是同一平面内的两个不共线向量，那么对于这一平面内的任一向量 $\vec{a}$，有且只有一对实数 λ_1，λ_2 使 $\vec{a} = \lambda_1 \vec{e_1} + \lambda_2 \vec{e_2}$。

② 向量共线的两种判定方法：$\vec{a} // \vec{b}\ (\vec{b} \neq \vec{0}) \Leftrightarrow \vec{a} = \lambda \vec{b}$ 或 $x_1 y_2 - x_2 y_1 = 0$。

③ $\vec{a} = (x, y) \Rightarrow |\vec{a}| = \sqrt{x^2 + y^2}$。

④ 若 $A(x_1, y_1)$，$B(x_2, y_2)$，则 $|\overrightarrow{AB}| = \sqrt{(x_1 - x_2)^2 + (y_1 - y_2)^2}$。

⑤ $\cos\theta = \dfrac{a \cdot b}{|a| \cdot |b|} = \dfrac{x_1 x_2 + y_1 y_2}{\sqrt{x_1^2 + y_1^2}\sqrt{x_2^2 + y_2^2}}$。

⑥ $a \perp b \Leftrightarrow a \cdot b = 0$ 即 $x_1 x_2 + y_1 y_2 = 0$（注意与向量共线的坐标表示区别）。

设计意图：组织学生谈论并画出本章知识点的思维导图，从整体上对平面向量有更加深刻的认识。

（3）**问题 4**：以平面向量为工具可以解决哪些运算问题？

预设：基本运算——实数与向量的积的运算律、平面向量数量积的运算律、实数与向量的积的运算律。

结合律：$\lambda(\vec{\mu a}) = (\lambda\mu)\vec{a}$

第一分配律：$(\lambda + \mu)\vec{a} = \lambda\vec{a} + \mu\vec{a}$

第二分配律：$\lambda(\vec{a} + \vec{b}) = \lambda\vec{a} + \lambda\vec{b}$

平面向量数量积的运算律：

交换律：$\vec{a} \cdot \vec{b} = \vec{b} \cdot \vec{a}$

结合律：$(\lambda\vec{a}) \cdot \vec{b} = \lambda(\vec{a} \cdot \vec{b}) = \vec{a} \cdot (\lambda\vec{b})$

分配律：$(\vec{a} + \vec{b}) \cdot \vec{c} = \vec{a} \cdot \vec{c} + \vec{b} \cdot \vec{c}$

（4）**问题5**：以平面向量为工具可以解决哪些位置关系问题？

预设：向量运算及平行与垂直的判定。

（5）**问题6**：当我们将运算工具定位平面定向时，其可以帮助我们解决哪些度量关系问题？

预设：求向量夹角或夹角的余弦值，求向量的模。

设计意图：通过对几个度量关系以及位置关系的复习，引导学生建立对全章的认识，从而从整体上掌握全章知识，建立对整章知识结构的认识，为下面的复习作好准备。

3. 设计本课的应用性问题

（1）化简：$(\overrightarrow{AB} + \overrightarrow{MB}) + \overrightarrow{BO} + \overrightarrow{OM}$；$(\overrightarrow{AB} + \overrightarrow{DA}) + \overrightarrow{BD} + \overrightarrow{BC} + \overrightarrow{CA}$。

（2）已知 $\vec{a} = (1, 2)$，$\vec{b} = (-3, 2)$，当 k 为何值时，$k\vec{a} + \vec{b}$ 与 $\vec{a} - 3\vec{b}$ 平行？平行时它们是同向还是反向？

（3）设 $\overrightarrow{AB} = 2(\vec{a} + 5\vec{b})$，$\overrightarrow{BC} = -2\vec{a} + 8\vec{b}$，$\overrightarrow{CD} = 3(\vec{a} - \vec{b})$，求证：$A$，$B$，$D$ 三点共线。

（4）对于任意非零向量 $\vec{a}$ 与 $\vec{b}$，求证：

$$||\vec{a}| - |\vec{b}|| \leqslant |\vec{a} \pm \vec{b}| \leqslant |\vec{a}| + |\vec{b}|。$$

（5）下面5个命题：

①$|\vec{a} \cdot \vec{b}| = |\vec{a}| \cdot |\vec{b}|$；②$(\vec{a} \cdot \vec{b})^2 = \vec{a}^2 \cdot \vec{b}^2$；③$\vec{a} \perp (\vec{b} - \vec{c})$，则 $\vec{a} \cdot \vec{c} = \vec{b} \cdot \vec{c}$；④$\vec{a} \cdot \vec{b} = 0$，则 $|\vec{a} + \vec{b}| = |\vec{a} - \vec{b}|$；⑤$\vec{a} \cdot \vec{b} = 0$，则 $\vec{a} = 0$ 或 $\vec{b} = 0$，其中真命题是（　　）。

　A.①②⑤　　　B.③④　　　C.①③　　　D.②④⑤

(6) 已知 $\overrightarrow{OP}$ = (2，1)，$\overrightarrow{OA}$ = (1，7)，$\overrightarrow{OB}$ = (5，1)，点 O 为坐标原点，点 C 是直线 OP 上一点，求 $\overrightarrow{CA} \cdot \overrightarrow{CB}$ 的最小值及取得最小值时 $\cos \angle ACB$ 的值。

(7) 已知等边三角形 ABC 的边长为 2，$\odot A$ 的半径为 1，PQ 为 $\odot A$ 的任意一条直径。

① 判断 $\overrightarrow{BP} \cdot \overrightarrow{CQ} - \overrightarrow{AP} \cdot \overrightarrow{CB}$ 的值是否会随点 P 的变化而变化，请说明理由；

② 求 $\overrightarrow{BP} \cdot \overrightarrow{CQ}$ 的最大值。

设计意图：通过几个应用性问题的练习，强化对平面向量几何运算和代数运算的理解与应用。

四、高中数学"问题串"教学建议

1. 教师要提高"问题串"教学的思想认识

教师对于"课堂串"的设置上要高度重视，从思想上要树立"问题串"设置意识，不断完善和提高"问题串"教学水平的提高，充分体现"过程教学"的基本理念，提高课堂教学效率，培养学生"四基""四能"，发展学生数学核心素养。

2. 教师要改进数学"问题串"教学的方式

目前课堂教学中采用的"问题串"教学方式存在一些误区，必须及时地加以引导和改善。突出表现为：一是"问题串"的问题设置得过于简单；二是"问题串"设置得过难；三是"问题串"情境设置缺少艺术性；四是设置"问题串"与课堂提问区别不大。为此在数学"问题串"的课堂教学上在保证课题设置正确的情况下，不断改进数学"问题串"教学设计效果，尽量避免上述问题的发生，这样才能保证"问题串"日常教学的顺利推进。

3. 教师要改变对数学"问题串"教学的态度

"问题串"教学的实施以及被广泛地运用，使得教学的氛围变得更加宽松，师生在课堂交流上也相对轻松。但是少数教师采用的教学方式即便是"问题串"形式，但在实际运用的过程中依然是传统课堂教学的模式，教师在课堂教学上是高高在上的，缺乏和学生进行平等交流的意识。为此"问题串"教学方式要改进，作为教师要从思想上和实际的规划上改变自身对于学生的态度，大胆鼓励学生在课堂教学中自主发挥，使得学生更容易感知"问题串"教学的乐趣。

4. 教师要提高"问题串"设计的能力

在数学教学实践中，要求教师选择有效的实施策略，设计有深度、有思想的问题，以此引导学生掌握知识的内涵和本质，并在这一过程中理性思考，以此对学生各方面能力带来提高，同时也提高教师自身"问题串"的设计能力。老师可以将设计好并已经解决完的"问题串"编辑成册，让学生在复习中加强对问题的再认识，甚至是再创造。

5. 教师要积累"问题串"教学知识经验

教师在教学和职业发展中经常会出现执教能力的停滞状态，造成这种教学能力停滞不前的原因很多，一个重要原因是教师专业知识储备严重透支，导致自身教学能力难以提高。为此作为高中数学教师不仅在数学"问题串"的教学上要有着清晰的认识，同时对未来的教学发展目标要有清晰、明确的认识。不吃过去知识储备的老本，通过各种渠道和各种方式来丰富自己的专业知识的储备，通过不断总结和学习，不断提高自身的专业知识的素养，促进自身教学能力的提高。

第四节　基于核心素养的复习课课例评析

导数与函数的复习课课例评析

一、《导数与函数的复习》整体设计思路

依据最新高考说明，在导数的概念和应用模块复习中，对该部分一轮复习思路调整为：

（1）理解并掌握导数的背景及几何意义。

（2）理解导数的基本应用（单调性、极值和最值），发挥导数的工具作用。

在设计上分四个课时完成，整体思路如下：

（一）目标预设

1. 第一课时

分析学生认知情况，选择典型且简单的问题为引领。2015 年全国高考理科数学第 21 题，以求曲线 $y = f(x)$ 的切线问题情境为抓手，引领学生对导数知识发生兴趣，刺激学生积极思考"切线"的基础知识点，引领学生回归课本，使学生从整体上理解导数的背景和几何意义，厘清主线和形成网络，促使学生在认知和思维方面得到提升，为题意分析阶段做好铺垫。

2. 第二课时

教师可利用这道题：已知函数 $f(x) = x^3 + (1-a)x^2 - a(a+2)x + b$（$a, b \in R$），若函数 $f(x)$ 在区间（$-1, 1$）上不单调，求 a 的范围取值。从学生的思维起点分析，使学生认识到含有 x^3 项的函数时，在不能运用单调定义解决该问题的情况下，导数是否可以被拿来当成一种工具使用？如何运用？让学生在思考问题上确定方向，为下一阶段题意分析打下基础。

3. 第三课时

《导数与函数的极值》的复习可直接引入下列综合题：函数 $f(x) = \dfrac{1}{x} + a\ln(x+1)$ 在 $x=3$ 处的切线与直线 $7x - 18y + 3 = 0$ 平行，①求实数 a 的值；②求函数 $f(x)$ 的单调区间和极值。该题虽归类为综合题，但各个问题都是由简单的基础题拼凑而成，在①问题中复习了导数几何意义知识点，在②问题中巩固了单调性知识，还拓展到了极值问题，而这两个问题都符合学生的能力起点。这样的设计能有效地提升学生解答导数综合问题的能力，同时根据极值问题引领学生对极值概念的复习，为学生题意分析指引了方向，也为学生第四课时的学习作好了准备。

4. 第四课时

关于《导数与函数的最值》第四课时，课本中对最值概念的描述直接建立在了极值概念之上，所以直接导致了最值问题成了"金字塔的顶尖"。近些年，最值问题出现了"用料最省""投资最少"等一类问题，并且与其他知识联立编拟出创新型的综合题，一度成为高考热点题目，所以教师根据学生的现有能力和知识水平，以简单的实际问题为引领进入最值的学习，同时根据以上三个课时所学的知识进行解答总结，提高学生的建模思想和解答能力。

（二）题意分析

题意分析实质上就是"弄清问题"。题意分析就是学生在老师的引领下，对要学的题目进行观看、阅读，并从中获取必要的感性经验，为知识回归阶段做准备。在这个阶段，教师应尽量呈现题目组织的过程，为学生回归课本创造条件和机会。具体做法就是教师引领学生获悉题目中呈现的已知条件和问题，同时分析所涉及的知识点是否在学生已有的知识树中，并且对其提取和丰富等，为知识回归阶段指明方向。

1. 第一课时

第一课时《变化率、导数概念和几何意义》，通过"切线问题"引领学生追根究底和拓展延伸：切线→斜率→（瞬时、平均变化）变化率→导数概念→几何意义，根据课本中安排的次序引领学生认识知识的联立和生成过程，培养学生概括建构的能力，提升学生的数学核心素养，同时为知识回归阶段做了必要的准备。

2. 第二课时

通过带有 x^3 函数式的综合题为切入点，利用问题的逻辑外延，使学生在不同条件下对"单调性"问题有不同的处理方法，引导学生思考导数与单调性的本质联系，使学生认识已有的知识框架内容是否充实，如何提取并利用，如何丰富和补充等，同时为学生指明了复习的侧重点。

3. 第三课时

运用两个问题的综合题，其目的是使学生通过观察，对已经复习过的第一课时和第二课时内容进行总结，引领学生对其有效地提取并组合，使之有效地解答问题，同时运用求"极值"问题引领学生进行回忆，为复习"极值"知识奠定基础。

4. 第四课时

针对新课改的要求和高考的新变革对实际问题提出的新要求，所以该阶段利用了实际问题综合题加以引领，通过对实际问题中出现的最值问题进行探讨，帮助学生进行建模，同时在解答过程中，运用导数与极值的关系这一定义进行求解，使学生体会到创新型的实际问题的实质。

（三）知识回归

知识回归课本是引领一轮复习的核心。知识回归是学生在对已有知识进行思维加工的基础上，在整体认识上进一步形成概念、把握知识的规律和本质。学生在该阶段能够深刻理解概念，准确掌握公式、定义和法则，并能熟悉掌握数学知识系统。概念是思维进行的基本条件，推理和判断都是由概念构成的，概念的准确和牢固对学生建构知识树具有决定性的意义，所以知识回归并进行整体的建构和理解是一轮复习过程的核心任务，也是数学核心素养的体现，这也是罗增儒老师提倡的解题因素所需的基本要求。

1. 第一课时

以"切线问题"为引领，经历过目标预设和题意分析两个阶段后，给学生指明了思考的方向和空间，使学生在头脑中形成了大致的建构体系，但是学生在内容掌握方面还不够牢固，接下来需要完成的就是学生已有知识树的丰富，即概念、定义和公式的形成过程。师生以切线→斜率→变化率→导数概念→几何意义的安排线索共同讨论探究，引领学生回归课本中"气球膨胀率"和"高台跳水"问题，并使学生体会变化率的发生过程和导数概念的演变出现过程，最后分析总结导数几何意义及应用，为导数成为解题的"使用工具"提供有力的根据。综合题的引领，使学生的知识树在纵向和横向上及综合方面都有新的突破，从而达到一轮复习目的，也为二轮复习奠定了综合能力的基础。

2. 第二课时

通过题意分析使学生认识到，有些题目是无法运用单调性定义来解决的，在新的条件下对认知结构重新建构，使之迁移到导数的运用上，用导数这个工具进行完成。可以根据：x^3函数→导数工具→几何意义→总结单调性与导数联系这样一个思路，引领学生回归课本中"高台跳水"图像，并进行分析总结函数的单调性与其导数正负值的联系，得出结论，使学生充分体会到知识的生成过程是自然形成的，是一种水到渠成的发生过程，使学生很顺利地达到一轮复习效果，同时为解答含有三次项函数单调性的问题作出了很好的指导和表率，有效地提升了学生解答综合题的能力。

3. 第三课时

本课时安排的是一道多问题的综合题，它起到承上启下的作用，一方面复习第一课时和第二课时的内容，另一方面为"极值"问题的复习埋下伏笔，既完成了巩固加深又做到了引领新知，使学生顺理成章地通过几何意义和单调性的联系得到极值的定义。

4. 第四课时

以实际问题为引领，除了提醒学生在一轮复习中注意建模思想的练习外，还要通过第一、第二、第三课时的知识进行分析解答，使学生在新的情境条件下，使已有的知识内涵发生变化，促使学生灵活地提取已有知识，并进行有效组合，达到一轮有意义的复习目的。

（四）巩固练习

巩固是指大脑皮层上的暂时神经不断强化，如果不进行巩固工作使暂时神经得到强化，那么就会产生遗忘，就不会把所学过的知识牢固地保持在记忆中，不能进一步掌握和领会知识；巩固知识则是把所学的知识进行强化，有效地增强记忆。记忆力是学生认知能力关键环节之一，它是思维能力进行的基础，教师应引领学生在理解的基础上记忆，促进逻辑思维能力的发展。因此，巩固知识在教学中是必要的。

巩固知识最有效的方法就是举一反三的练习，通过举一反三的练习，进行不断强化，达到熟练运用知识的目的。"运用"是"巩固"的具体体现，"练习"则是沟通两者的桥梁，通过反复练习使所学到的知识形成各种技能技巧。

在这四个课时中，学生已经通过了目标预设、题意分析和知识回归三阶段的学习，对所复习的导数知识有了清晰的思路和认识，接下来在学生已有的认知水平上对导数的相关知识进行综合练习和回顾，以"举一反三"的手段对学生进行检验，把检验出的新的认知再度整合，进而使学生达到对定义、概念的理解，使学生已有知识树更加牢固和丰富，从而达到一轮复习目标高效，同时也为二轮所要求的"综合能力"打下了坚实的基础。

二、《导数与函数的复习》教学设计

函数是高中数学重点中的重点，它的思想和知识点纵横交错在高中数学必修到选修的整个过程，选择题、填空题和综合题等类型关于函数的题目在每年的高考试卷中是无处不在，而且这些试题综合了不等式、数列、方程和导数等知识点、以初等函数为载体而呈现的，充分体现了综合能力立意命题的高考原则，并与数学思想方法紧密结合，也充分考查了学生的数学素养。

第一课时：《变化率、导数概念和几何意义复习》教学设计

（一）复习目标

使学生能够了解导数概念的实际背景，通过函数图像能直观地理解导数几何意义并对导数的概念和几何意义进行整合，进而能够全面把握教材知识结构内容，升华知识的认识并能建构基础知识网络；学生在积极参与中，能够提出—分析—解决—探索问题，领悟理解知识的来源，从中体验主体感和愉悦感。

（二）教学过程

1. 目标预设

进入一轮复习阶段，从学生的态度起点、知识起点和能力起点出发考虑，该部分内容抽象度高，对思维能力需要较高的要求，需要学生对比归纳，联系转化，直接从高考所涉及的问题为情景引领进行复习。例如，（2015 课标全国卷 I 理科数学第 21 题）已知函数 $f(x) = x^3 + ax + \frac{1}{4}$，$g(x) = -\ln x$。当 a 为何值时，x 轴为曲线 $y = f(x)$ 的切线？

设计意图：以综合题为抓手，以问题为引领，直接从高考试题问题情境出发，激发学生学习的兴趣，通过具体问题的刺激，让学生积极地思考，引发学生对问题主动地探究和思索。

2. 题意分析

引领学生继续思考上述问题，已知函数 $f(x) = x^3 + ax + \frac{1}{4}$，$g(x) = -\ln x.$ 当 a 为何值时，x 轴为曲线 $y = f(x)$ 的切线？

① 上述已知是个怎样的函数？

② 一元三次函数和对数函数是我们学过的初等函数吗？性质和图像能回忆多少？

③ 函数 $y = f(x)$ 切线的问题，看到切线，能想到导数吗？

④ 为什么会想到导数？

⑤ 在课本章节中，导数的概念是如何生成的？

⑥ 导数的几何意义是什么？

设计意图：弄清题意，激发学生的思考，刺激学生大脑中已有的知识和即将模糊的相关知识，通过问题的逻辑外延引领学生有目的有方向地回忆知识点，梳理知识，为自主建构知识树和丰富已有知识做准备，为下一阶段做准备。

（三）知识回归

已知函数 $f(x) = x^3 + ax + \frac{1}{4}$ 是一个一元三次函数，a 也是个未知数，学生无从下手。但是关于问题：当 a 为何值时，x 轴为曲线 $y = f(x)$ 的切线？学生一定不陌生，部分学生能回忆起导数的几何意义就是某点处切线的斜率，至此，教师开始引领学生对导数基本概念的复习。

如果想了解导数的几何意义，就应先理解导数的概念，导数的概念如何得到的？就涉及了变化率的问题。所以，复习的思路很清晰：变化率→导数概念→导数的几何意义，这也是课本安排的结构顺序。

（1）问题一：请同学们回忆，课本中的"变化率"是如何引入的？（气球膨胀率和高台跳水）气球内空气容量逐渐增多，气球的半径反而增加的会逐渐缓慢，如何运用数学思维描述这种现象？函数的平均变化率。

① 概念：对于函数 $y = f(x)$，$\frac{f(x_2) - f(x_1)}{x_2 - x_1} = \frac{\Delta y}{\Delta x}$，叫作函数 $y = f(x)$

从 x_1 到 x_2 的平均变化率.

②几何意义：函数 $y = f(x)$ 图像上两点 $[x_1, f(x_1)]$，$[x_2, f(x_2)]$ 连线的斜率。

③物理意义：函数 $y = f(x)$ 表示变速运动的质点的运动方程，就是该质点在 $[x_1, x_2]$ 上的平均速度。

设计意图：引领学生回归课本，通过具体实例领悟"变化率"的来源，使学生由简单认知上升到深层认知。

（2）问题二：①通过"高台跳水"问题引入瞬时变化率概念，明确平均变化率、瞬时变化率和导数之间的关系。②时间间隔 t 在无限趋近 0 时，平均速度 v 则无限的等于瞬时速度。③称函数 $y = f(x)$ 在 $x = x_0$ 处的瞬时变化率 $\lim\limits_{\Delta x \to 0} \dfrac{\Delta y}{\Delta x}$

$= \lim\limits_{\Delta x \to 0} \dfrac{f(x_0 + \Delta x) - f(x_0)}{\Delta x}$ 为函数 $y = f(x)$ 在 $x = x_0$ 处的导数，记作 $f'(x_0)$，

即 $f'(x_0) = \lim\limits_{\Delta x \to 0} \dfrac{\Delta y}{\Delta x} = \lim\limits_{\Delta x \to 0} \dfrac{f(x_0 + \Delta x) - f(x_0)}{\Delta x}$。

设计意图：通过逼近思想，让学生体会导数概念产生的背景和过程，培养学生探究问题的习惯，实现思维的提升和知识的建构。

（3）问题三：①通过图像：让学生找出每个割线斜率的表达式；②平均变化率的极限实质上就是瞬时变化率，平均变化率的几何意义就变成了割线的斜率，进而得到瞬时变化率即是切线斜率，也就是该点的导数。③即 $k = \lim\limits_{\Delta x \to 0}$

$\dfrac{f(x_0 + \Delta x) - f(x_0)}{\Delta x} = f'(x_0)$。

设计意图：根据数形结合思想，使学生深刻理解平均变化率概念和瞬时变化率概念，导数概念如何生成，逼近思想是什么，从整体上去连接、生成和把握本章节内容，即变化率→导数概念→导数的几何意义，实现知识的再认识和思维的升华，提升总结的能力。

（4）问题四：就上述综合题"已知函数 $f(x) = x^3 + ax + \dfrac{1}{4}$，$g(x) = -\ln x$，当 a 为何值时，x 轴为曲线 $y = f(x)$ 的切线"而言，设曲线 $y = f(x)$ 与 x 轴相切于点 $(x_0, 0)$，则 $f(x_0) = 0$，$f'(x_0) = 0$，从而解得 $x_0 = \dfrac{1}{2}$，$a = -\dfrac{3}{4}$。因此，当 $a = -\dfrac{3}{4}$ 时，x 轴为曲线 $y = f(x)$ 的切线。

设计意图：解答过程是数学思想在解题实践中的应用，也是解题具体的体现，通过详细的书写步骤来严格要求书写格式。通过该题为抓手，引领学生对课本内容重新深入二次学习，深刻理解变化率、导数概念和几何意义，使学生的思维得到提升，知识结构更加牢固，提升学生解答高考试题的信心。

（四）巩固练习

1. 若曲线 $f(x) = ax^2 + \ln x$ 存在垂直于 y 轴的切线，则实数 a 的取值范围是_____。

2. 已知函数 $f(x) = x^3 - 4x^2 + 5x - 4$

（1）求曲线 $f(x)$ 在点 $[2, f(2)]$ 处的切线方程；

（2）求经过点 $A(2, -2)$ 的曲线 $f(x)$ 的切线方程。

设计意图：通过举一反三的练习，把所学的变化率→导数概念→导数的几何意义进行强化，通过练习有效地增强记忆，达到熟练运用知识的目的，促进逻辑思维能力的发展，同时根据不同问题的情景和逻辑外延，使学生所学到的知识形成各种技能技巧。

（五）教学反思

在以往的一轮复习过程中，回归课本的复习被认为是再学一遍的过程，由此产生了学生浮躁的心态，认为"不值得"再学。以综合题为引领，首先给学生提供了一个具有高度的平台，同时树立了即将学习的目标，引领学生为了解决此问题而去提取、组合和整理知识，使学生对已有的知识进行检验和查漏补缺，有效地提高了学生学习的兴趣，培养了学生自主学习的态度。对于教师，一定要从态度、知识和能力方面下大功夫分析，设计适宜学生的情境，通过问题情境回归课本实例，尽量使学生回忆知识，并引领学生得到定义、概念的生成过程，促使学生对该部分内容进行整体的认识和整合，帮助学生丰富已有的知识树和知识结构系统，做到及时总结，反复练习，这也是提升学生数学素养必要的步骤。

第二课时：《导数与函数的单调性》教学设计

（一）复习目标

学生能够探究出单调性与导数的关系，从而全面把握导数与单调性知识结构内容，进而总结思路与方法，并完善已有知识系统；学生能够适应打破资料安排顺序的方法，从中梳理函数单调性知识并进行整合，提升自己分析模块主线的能力和高阶思维能力。

（二）教学过程

1. 目标预设

在一轮复习中，关于函数的单调性，学生首先会想到必修 1 函数的性质中涉及的单调性定义：对于给定区间的某个函数，如果对于该区间上任意的两个自变量 x_1，x_2，当 $x_1 < x_2$，都有 $f(x_1) < f(x_2)$（$f(x_1) > f(x_2)$），就说函数 $f(x)$ 在该区间是增函数（减函数），这个区间叫 $f(x)$ 的单调区间。所以，学生会对简单的指对幂初等函数进行判断。如：$y = x^2 (x > 0)$，学生会根据定义法或图像法进行判断，但是遇到类似 $y = x^3 - 4x$ 之类的函数时，学生头脑还停留在上述思路中思考就有些欠妥，如：

已知函数 $f(x) = x^3 + (1-a)x^2 - a(a+2)x + b(a, b \in R)$，若函数 $f(x)$ 在区间 $(-1, 1)$ 不单调，求 a 的取值范围。

这就需要学生在不同问题情境中进行灵活的运用，导数概念的应用恰恰迎合了此类题目。

设计意图：通过复习函数单调性定义法，回顾和巩固旧知，从二次函数入手，提出新问题（如何判断三次函数单调性），引起认知冲突，激发学生学习兴趣。

2. 题意分析

如上述题目：已知函数 $f(x) = x^3 + (1-a)x^2 - a(a+2)x + b$（$a, b \in R$），若函数 $f(x)$ 在区间 $(-1, 1)$ 上不单调，求 a 的取值范围。

（1）该题能用单调定义或图像法解决吗？

（2）若不能用单调定义或图像法解决，那么我们还能用什么方法解决？

（3）函数 $f(x)$ 在区间 $(-1, 1)$ 上不单调，不单调是什么意思？

（4）在课本中提及过不单调的定义吗？在哪儿？如何应用？

设计意图：函数是描述我们世界变化规律的重要数学模型，了解函数的单调性是非常重要的，函数的单调性和函数的导数一样反应函数变化情况，具体二者存在着哪些联系，教师应引领学生弄清题意，适当地激发学生思考，刺激学生大脑中残存的相关知识，通过问题的逻辑外延引领学生有目的、有方向地回忆知识点，寻找知识点的出处。

（三）知识回归

1. 实例探讨

函数的单调性和导数有怎样的关系，课本中首先引入实例探讨：如课本图（1），表示高台跳水运动员的高度 h 随时间 t 变化的函数 $h(t) = -4.9t^2 + 6.5t + 10$ 的图像，图（2）表示高台跳水运动员的速度 v 与时间 t 变化的函数 $v(t) = h'(t) = -9.8t + 6.5$ 的图像。

运动员①从起跳到最高点，②从最高点到入水，这①②两段时间运动状态有什么区别？第①段状态中，h 随 t 的增加而增加，即 $h(t)$ 是增函数，$v(t) = h(t) > 0$；第②段状态中，h 随 t 的增加而减小，即 $h(t)$ 是减函数，$v(t) = h'(t) < 0$。

设计意图：通过高考题问题的逻辑外延，引领学生回顾课本，从具体的实际情境问题出发，提出本节课所探讨的问题，为学生提供一个回忆想象的"源头"，把学习任务转移给学生，使学生自己主动地寻求知识。

2. 结论

函数的单调性与其导数的正负有一定关系：在一定区间 (a, b) 内，如果 $f'(x) > 0$，那么函数 $y = f'(x)$ 在这个区间单调递增；如果 $f'(x) < 0$，那么函数 $y = f(x)$ 在这个区间单调递减。

在课本上书写结论的右侧，附有带问号的一句话，有何意义？学习时是否注意到？有没有运用过？它和"不单调"有联系吗？如何运用？

设计意图：通过"不单调"的问题情境，引领学生仔细研读教材，查漏补缺，再次深刻理解导数与函数单调性的关系：

（1）$f'(x) > 0 \Rightarrow f(x)$ 为增函数，反之不一定成立。

（2）当 $f'(x) \neq 0$ 时，$f'(x) > 0 \Leftrightarrow f(x)$ 为增函数；$f(x)$ 为增函数 $\Rightarrow$ $f'(x) \geq 0$，反之不一定成立。

使学生及时总结，深刻理解导数与函数单调性的关系，不仅知其然，还要知其所以然。

（四）巩固练习

（1）若函数 $f(x) = 2x^2 - \ln x$ 在其定义域内的一个子区间 $(k-1, k+1)$ 内不是单调函数，则实数 k 的取值范围是_____。

（2）已知 $f(x) = a(x - \ln x) + \dfrac{2x-1}{x^2}$，$a \in R$，讨论 $f(x)$ 的单调性。

设计意图：通过反三的练习，把所学导数的正、负和 0 如何决定函数的单调性进行强化，学生根据不同问题的情景和逻辑外延，形成各种做题的技能技巧，促进逻辑思维能力的发展。

（五）教学反思

函数的单调性属于性质的范畴，运用综合题引领学生解答单调性问题，使学生在不同情境下进行分析，促使学生自主地提取和组合已有知识，使之体会到关于单调性问题时，思维不要仅仅停留在必修 1 单调性定义和图像上，导数也是解决函数单调性的有力武器，使学生灵活运用导数的相关知识进行解决问题，引领学生回归课本，对导数与函数的单调性问题进行整体的把握和再认识，使学生丰富已有的知识树和知识结构系统。

第三课时：《导数与函数的极值》教学设计

（一）复习目标

学生能够理解极值定义、探究并掌握求极值的一般方法和取得极值的必要条件和充分条件，再现核心知识进而升华认识、梳理知识、完善体系，由此得到基本技能的训练，做到"知识与能力并用"，使综合能力得到提升。

（二）教学过程

1. 目标预设

本章课是学生在学习了《导数与函数的单调性》基础上，具备了简单运用导数解决问题的能力后学习的，同时为《导数与函数的最值》奠定基础，具有承上启下作用。本节课能进一步提高学生运用导数来解决函数的能力，能充分体现导数工具的作用。

通过之前两节课的学习，学生的探究精神旺盛，兴趣浓厚，所以需要教师再次运用综合题为抓手、问题情境为引领，使学生回归课本去体会极值概念的生成过程。

2. 举例

函数 $f(x) = \dfrac{1}{x} + a\ln(x+1)$ 在 $x=3$ 处的切线与直线 $7x - 18y + 3 = 0$ 平行。①求实数 a 的值；②求函数 $f(x)$ 的单调区间和极值。

设计意图：通过简单综合题问题的引领，使学生回忆第一课时和第二课时的导数概念、几何意义和函数的单调性知识点，调动学生已有的知识，并通过问题逻辑外延，使知识的应用更加灵活和丰富，提升学生逻辑思维能力和自主建构的能力。

如上述题目，已知条件大致两个：一是 $f(x) = \dfrac{1}{x} + a\ln(x+1)$；二是在 $x=3$ 处的切线与直线 $7x-18y+3=0$ 平行。

问题①求实数 a 的值，大部分学生能利用第一课时的导数的概念和几何意义进行判断，解题思路明确，方向正确。

问题②求函数 $f(x)$ 的单调区间，大部分学生能利用第二课时所学的，以导数为工具对函数进行单调性的判断，学生解题思路正确，速度提升，学习兴趣浓厚。

（三）回归

回归课本，对课本进行仔细研读，引领学生熟知极值定义的生成过程。课本中仍然用高台跳水实例，对于运动员距离水面最大高度时提出三个问题：① 函数 $h(t)$ 在此点的导数是多少？②此点附近的图像有什么特点？③相应地，导数符号有何变化规律？

由课本图例可以看出，① $h'(a)=0$，②在 $t=a$ 附近，当 $t<a$ 时，$h'(t)>0$，函数 $h(t)$ 是增函数；当 $t>a$ 时，$h'(t)<0$，函数 $h(t)$ 是减函数，③在 $t=a$ 附近，函数 $h(t)$ 值先增后减，$h'(t)$ 值先正后负，且 $h(t)$ 连续变化，于是 $h'(a)=0$。

由特殊性到一般性：是否也有同样的性质？

通过探讨上题，得出结论：

1. 函数的极小值

函数 $y=f(x)$ 在点 $x=a$ 的函数值 $f(a)$ 比它在点 $x=a$ 附近的其他点的函数值都小，$f'(a)=0$，而且在点 $x=a$ 附近的左侧 $f'(x)<0$，右侧 $f'(x)>0$，则点 a 叫作函数 $y=f(x)$ 的极小值点，$f(a)$ 叫作函数 $y=f(x)$ 的极小值。

2. 函数的极大值

函数 $y=f(x)$ 在点 $x=b$ 的函数值 $f(b)$ 比它在点 $x=b$ 附近的其他点的函数值都大，$f'(b)=0$，而且在点 $x=b$ 附近的左侧 $f'(x)>0$，右侧 $f'(x)<0$，则点 b 叫作函数 $y=f(x)$ 的极大值点，$f(b)$ 叫作函数 $y=f(x)$ 的极

大值。

3. 函数的极值

极小值点和极大值点统称为极值点，极小值和极大值统称为极值。极值刻画函数的局部性质，反映在某一点附近大小情况。

设计意图： 引领学生领悟极值定义的生成过程，有效提升学生数学素养，帮助学生学会学习，学会思考，主动学习，自主建构，提升自身思维的逻辑性。

注意点： ①由于函数极值是一种局部的定义，所以有时候极大值可能小于极小值。②可导函数 $f(x)$ 的极值点一定使得 $f'(x) = 0$；反过来，可导函数 $f(x)$ 的导数等于零的点，不一定是它的极值点（举反例说明之）。

不仅使学生理解极值定义的生成过程，更应该引领学生懂得如何正确运用极值的定义，"注意点"恰恰是高考出题的"陷阱"，能有效地锻炼学生仔细审题和解题能力，全面提升学生的数学素养。

（四）巩固练习

（1）设 $f(x) = a(x-5)^2 + 6\ln x$，其中 $a \in R$，曲线 $y = f(x)$ 在点 $[1, f(1)]$ 处的切线与 y 轴相交于点 $(0, 6)$。

① 确定 a 的值；

② 求函数 $f(x)$ 的单调区间与极值。

（2）已知函数 $f(x) = \ln x + ax^2 + bx$（其中 a，b 为常数且 $a \neq 0$）在 $x = 1$ 处取得极值。

① 当 $a = 1$ 时，求 $f(x)$ 的单调区间；

② 若 $f(x)$ 在 $(0, e)$ 上的最大值为 1，求 a 的值。

设计意图： 通过练习，使学生掌握极值与最值的定义和正确地灵活运用，同时及时复习导数的概念、几何意义和单调性，提高学生解题的综合能力，提升学生数学的综合素养。

（五）教学反思

新课标提倡学生的综合能力的培养，本节课设计意图就在于此。以该类综合题进行引领，使学生在解题过程中，通过第一小问题对第一、第二课时的内容及时复习，同时根据问题的逻辑外延，使学生懂得定义的"注意点"，如何正确运用。该阶段学生的学习，在综合能力的培养，教师可寻找一些简单的综合题引领学生学习，以此提升学生解题的综合能力，培养学生做题的信心和勇气，提高学生学习的解题兴趣。

第四课时：《导数与函数的最值》教学设计

（一）复习目标

学生会用导数知识求函数极大（小）值和闭区间上连续函数的最大（小）值；学生通过实际问题的探讨，使建模的思想和解决实际问题的能力有所提升，并能够领悟"理论来源于实践、应用于现实"。

（二）教学过程

1. 目标预设

该节内容主要在一定的闭区间上研究连续函数的最大（小）值的求法和实际应用，新授课时分两个课时，由于本节课是复习课，所以安排一个课时，是在学生学习过的极值和某些函数最值的基础上复习的。在教法上，还需教师通过综合题为抓手，问题情境为引领，调动学生的学习兴趣，在学法上指导学生主动观察图像并进行归纳总结最大（小）值存在的可能位置，使学生主动地获得知识。

（课本复习参考题 B 组）用半径是 R 的圆形铁皮，剪一个圆心角为 α 的扇形，进而制成一个圆锥形容器，求：扇形的圆心角多大时该容器的容积最大？并求出此时容器的最大容积。

设计意图： 在生活、科研等条件下，会经常碰到"功率最大、用料最省、投资最少"等问题，这类问题在数学上归咎为"应用方案"，选出最优方案，其落脚点实质上就是函数最大（小）值问题。近些年，函数的最值问题往往与导数、不等式、方程等联立，编拟出综合性较强的新颖创新型题目，从而成为高考的高档题目，也成为近些年的热点题目，主要考查学生的综合能力和核心素养，所以该类型题目应加以重视。

2. 题意分析

上述题目，已知条件为①半径为 R 的圆形铁皮，②剪出一个圆心角为 α 的扇形并制成一个圆锥形容器，问题①容积最大？②是多少？

解答实际问题，学生首先应该感知该类问题的流程：

图 9 − 4 − 7　连续函数的最大（小）值的求法流程

设计意图：近些年，高考加大了对生活、生产、科技等实际问题的考查力度，被我们称为开放题或创新题，此类问题铺天盖地，立意新颖，创新脱俗，使得学生乍看一眼束手无策，但是冷静思考后会发现：万变不离其宗，实质在于对定义概念的理解。

（三）知识回归

1. 引领学生回忆课本

该题目的问题为①容积最大？②为多少？何为最大值？何为最小值？课本中如何定义？最大值和最小值是极值吗？二者有何联系？

教师引领学生回忆课本，使学生理解课本中关于最大（小）值定义的生成过程。

课本的安排和引入非常的合理，结合课本中的图，从学生的认知水平入手，根据学生所学过的极值定义进行细致地讲解分析，引领学生观察图像进行思维活动。

2. 结论

最值概念及最大值和最小值的存在性：一般的，在区间 $[a, b]$ 上连续的函数 $f(x)$ 必定有最大、最小值。

在此基础上，教师可以引领学生进行适当地拓展和推广，在开区间 (a, b) 又是怎样的情况呢？

不一定有最大值与最小值！例如函数 $f(x) = \dfrac{1}{x}$ 在 $(0, +\infty)$ 单调递减，无最值。

3. 练习例题

紧接着课本中安排了一道例题，对函数最大、最小值的步骤进行归纳和分析：

（1）$f(x)$ 在 (a, b) 的所有极值；

（2）函数值 $f(a)$，$f(b)$ 比较（各极值、端点处），最大的为最大值，最小的为最小值。

设计意图：引领学生体会函数最大（小）值定义的生成过程，提升学生的

逻辑思维能力，帮助学生学会学习并建构丰富已有的知识树，提升学生的综合
理解能力和分析问题能力。

4. 回归已知题目

基本的定义概念总结归纳后，再次回归已知题目，帮助学生进行分析解答
（解答过程从略）。

设计意图：根据已有的导数概念、单调性、极值和最值的基础知识，以问
题情境为引领，通过规范的书写表现，使学生由低阶思维向高阶思维进展，激
活学生现有的认知水平，激发学生的学习兴趣，培养学生的数学建模与数据分
析等核心素养。

（四）巩固练习

（1）（必修 2 第四章 B 组）已知一个扇形的周长是 L，扇形的半径和中心角
分别为多大时，扇形的面积最大？

（2）时下网校教学越来越受到广大学生的喜爱，它已经成为学生们课外学
习的一种趋势，假设某网校的套题每日的销售量 y（单位：千套）与销售价格 x
（单位：元/套）满足的关系式为 $y = \dfrac{m}{x-2} + 4(x-6)$，其中 $2 < x < 6$，m 为常数。
已知销售价格为 4 元/套时，每日可售出套题 21 千套。

① 求 m 的值；

② 假设网校的员工工资、办公等所有开销折合为每套题 2 元（只考虑销售
出的套数），试确定销售价格 x 的值，使网校每日销售套题所获得的利润最大。
（精确到 0.1）

（五）教学反思

近几年，高考对实际应用提出了新的要求，各类以实际问题为背景的题目
油然而生，也成了近几年高考的创新型题目。通过利用实际问题的综合题进行
分析解答，引领学生学会实际问题解答的思路，简单地进行实际问题建模，本
节课更重要的是如何运用导数思想去解答问题，锻炼学生对导数知识灵活提取
和重组建构，提升学生的数学核心素养。

第十章

核心素养下的高中数学
讲评课教学

试卷讲评课是高中数学教学中最常见的课型之一，特别在高三的高考备考复习过程中，教师会安排很多讲评课。高效的试卷讲评课不仅能帮助学生对所学知识进行查漏补缺、培养解题技能和建构知识网络，而且能通过合作互动、交流探究等积极主动的学习方法，不断增强学生的学习能力；更为重要的是，试卷讲评课还承担着培养学生问题意识、独立思考、辩证地分析问题、评价和创新等高阶思维能力的任务。因此，能不能上好讲评课将直接影响高中各年级学生数学成绩的优劣、学习能力的形成及思维品质的培养。《普通高中数学课程标准》在评价建议中指出：评价是数学课程的重要组成部分，测试是评价的主要途径，也是检测学生知识掌握程度的重要手段。

　　对于数学教学来说，试卷讲评课是衔接考试的重要一环，也是其中重要的组成部分。尤其在月考，每个学期的期中、期末，高二的学业水平测试以及高三总复习阶段，试卷讲评课都是以上高中学习阶段完全充实在教学中的一种课堂形式。因此，基于核心素养理念的数学试卷讲评课，将改变单纯以掌握数学基本知识和技能为核心目标的课堂教学现状，通过设计多元化的教学目标，如"数学语言交流目标""思维认知目标""情感态度目标"等，应体现"以人为本"的数学教学理念，尊重学生在课堂上的主体地位，把数学运算能力、思维品质与个人素质培养等结合起来，体现数学学科教学在综合育人方面的价值。在提高"四基""四能"的同时，重视学生在学习过程中所表现的情感、态度和价值观素养，聚焦并促进学生数学核心素养的形成及发展。

第一节　试卷讲评课的含义

一、试卷讲评课

在《汉语大字典》中，"讲评"定义为"讲述和评论"。而对试卷讲评课概念的界定，目前我国学者大多为自我定义，意见尚未形成统一。笔者认为，高中数学试卷讲评课是指：在数学检测之后，教师将检测后进行的评价结果反馈给学生，从而使学生达到弥补知识不足、提高解题能力、改进学习方法、构建知识体系、激发学习积极性的目的的一种课堂教学形式。

二、试卷讲评课与复习课的区别

试卷讲评课并不是复习课，两者虽有相似之处，但仍存在一定区别。

1. 侧重点不同

复习课侧重于将零散的知识点进行重新整理，建立起各知识点间的相互联系，使学生构建知识网络体系，归纳总结方法。而试卷讲评更强调的是对所存在问题进行矫正与反思，寻找解决途径。

2. 教学模式不同

复习课为教师先总结之前所讲授的整体知识框架，再将所包含的知识点按树状结构一一展开、罗列进行梳理，是一种由面到点的梳理模式。而试卷讲评课是以试卷中的试题为出发点，回归课本相关章节，对相关考点、知识点进行回顾和扩展，是一种从点到线、由线到面的教学模式。

三、对讲评课的几点认识

（1）讲评课是习题课。数学试卷是由试题组成，所以数学试卷讲评课就是一堂习题课。

（2）讲评课是有组织、有系统的习题课。平常的数学习题课只是根据学习的知识点分布找一些例题，配一些试题进行讲解训练。但一份数学试卷的出台是对一个具有主线的知识的掌握情况进行系统的考查，所以数学试卷讲评课也就成了有组织、有系统的习题课。

（3）讲评课是有重点和盲点的习题课。任何一份数学试卷都会有考查重点，也会出现一些冷点，我们称之为盲点。数学试卷讲评课不一定要面面俱到，但一定要重点突出。对于一些数学试卷中没有考查到的盲点，讲评的过程中一定要有意识地与其找到关联，从而完整地讲解相关知识点。

第二节 高中数学讲评课教学的现状及其弊端

数学讲评课是数学教学的一种重要课型，其目的在于纠正错误，扬优补缺、巩固双基、规范解答、熟练技巧、开阔思路、提高能力。但是，当前数学讲评课教学普遍存在机械地采用逐题对答案、改正错误和讲解法，就题论题、面面俱到、目标不明确、重点不突出的现象。数学讲评课课堂教学效益不高，已成为制约数学教学质量的瓶颈。

一、对待考试成绩的三种方式及弊端

1. 方式一

为了对学生不产生压力，一概不公布学生的分数。其弊端是：学生不能知己知彼，更不能起鼓励先进、鞭策后进的作用。

2. 方式二

将全班学生的测试分数，以书面形式张贴在教室或课堂宣读。其弊端是：对基础差、智商低的学生，产生很大的压力，甚至使这些学生自暴自弃。

3. 方式三

由高分到低分排名排队，同时表扬测试好的学生，批评、责难测试差的学生。其弊端是：长期下来，这几个成绩好的学生容易养成骄傲自大、目中无人等不良品质。而被批评、责难的学生可能会不想学这门学科，不喜欢或讨厌这个科任教师，使学习动机枯萎，这根本不符合面向全体学生，关注中下等学生的素质教育观的要求。

二、讲评试卷的三种方式及弊端

1. 方式一

试卷贴在教室或课堂公布试卷答案就完了。这种只公布答案而不讲评的形式，使得有些学生对一些填空题、选择题、综合题等，根本无法知道为什么是这个答案，更谈不上纠正，强化，提高。

2. 方式二

从测试试卷的第一题开始，一讲到底，题题不放过，往往要花上几课时才讲完。其弊端：浪费时间，学生容易产生厌烦心理，收益甚微。

3. 方式三

根据测试情况，有所侧重，多数学生做对的试题不讲，错误较多的试题重点评讲。这种做法虽比前两种好，但仍然是教师讲，学生听，形式单一，就题论题。学生的收获只会解一道题，并不能通一类题，未能体现以学生为主体，教师的主导作用。

三、布置练习的三种方式及弊端

1. 方式一

上完讲评课，不少教师的一种做法就是不布置作业。其弊端：学生难以达到强化，巩固之效果。

2. 方式二

要求学生全部将试卷重做一遍。这种做法既浪费时间，又增加学生负担，效果还欠佳。

3. 方式三

要求学生把做错的试题在作业本上重做一遍。这种做法虽比前两种做法好些，但学生难以达到拓宽、提高的目的。

第三节　影响高中数学试卷讲评有效性的原因

一、学生原因

第一，中学生的数学观察能力很弱，不善于发现和分析。

第二，中学生的思维能力很差，不懂发散思维，只习惯于定式思维表面而单一性的看问题，因此得到的知识在碎片化的思维中难以形成一个稳定的系统。

第三，由于高中生缺乏想象力，那些概括性的数学术语和文字表达的定义、命题和定理等，学生根本想象不出数学对象的空间形状和位置关系。

二、教师原因

一些老师为了提高学生的成绩往往占用学生的课后时间进行数学试卷的讲评，这严重打击了学生对数学试卷讲评课的学习热情。对试卷讲评教学的效率意识的缺乏和忽视是教师需要注意的责任，很多的数学老师在上课时从不考虑如何通过改进课堂教学的设计或是怎样去引导学生进行正确的学习方法的途径去提高数学教学的质量和效率，反而试图让学生不断地做题去提高学生的学习效率，这种不负责任的做法往往导致了学生长期处于投入大、产出小、负担重的恶性循环的结果。

三、评讲课内容原因

学生数学成绩差的另一个十分重要的原因在于试卷评讲课的内容与学生的实际情况严重脱节，很多学生往往觉得学习数学仅仅是为了考高中和大学，除了这个原因之外，数学毫无意义，学生对数学的看法一般是没什么实际用途，只是在买菜和购物中才能用到一些基本的计算，而这些基本计算的能力小学数学水平就绰绰有余了，因此，对于中学数学的意义，很多学生仅仅是为了升学所需，现实生活中根本用不上这些深奥的中学数学知识。这也从侧面很直观地暴露了数学教师在课堂中不够重视数学教学内容和学生实际心理上相联系的情况。

四、评讲课环境原因

学生与教师关系的隔阂也是试卷讲评课程效率低下的重要因素，由于师生关系较差，学生会对数学产生消极的心理，因此就不会主动积极地吸收数学老师所传授的数学知识，而且还会拒绝与老师进行课上的交流，长期下来，学生就会对数学失去兴趣，并且丧失主动参与课上沟通的习惯。此外，一些中学生在数学课堂上存在情绪焦虑、紧张、浮躁等情绪，这也会对学生的学习产生不良影响，导致数学课堂教学的有效性降低。

第四节　基于核心素养的高中数学试卷讲评课策略

一、优化教学原则，提高试卷讲评课教学的实效性

要提高数学试卷讲评课教学的实效性，就必须明确高中数学试卷讲评课的教学原则，并且进行相应的优化。

1. 讲评力求"及时性"原则

及时性可以包括三个方面，教师阅卷的及时性，学生得到反馈信息的及时性以及试卷讲评的及时性。因此，考后教师要克服一切困难，及时批阅、及时发放试卷、及时得到反馈信息、及时进行讲评，这样才能起到事半功倍的作用，一般在考后一两天较好。

2. 讲评力求"针对性"原则

教师在数学试卷讲评课上要体现针对性的教学原则。对于时间有限的课时，教师想要在试卷讲评课上把每道题都用心讲到几乎是不可能办到的。所以切忌"面面俱到"的讲或是揪住个别同学的问题不放，因为这样既浪费了大量的时间，也没有很好地发挥讲评课的功能。所以在教师认真备课的过程中，就要进行适当的取舍，将学生错误率较高的试题作为本次试卷讲评课的重点、难点，进行有针对性的讲评。帮助学生答疑解惑、厘清解题思路，真正使学生做到掌握做题的方法和规律。在有限的课堂时间里，尽可能多地发挥试卷讲评课的优势。

3. 讲评力求"系统性"原则

所谓系统性原则，是指教师在教学过程中要按照数学学科的逻辑系统和学生认知发展的顺序进行讲评，使学生系统地掌握知识、学习技能，培养学生严

密的逻辑思维能力。教师在讲评课上可以通过将知识相近的内容放在一起，分类讲评的方式来体现这一教学原则，使学生将知识构建成某种特定的联系，便于对知识的梳理和掌握。避免由于思维混乱，而跟不上教师的讲课思路。试卷讲评课的目的在于对知识进行巩固和提升，因此，试卷讲评课要注重使学生形成较为完整的知识网络体系，将零散的知识系统化，类型试题规律化，思维方法多元化。

4. 讲评力求"差异性"原则

针对优等生、中等生和学困生三种不同层次的学生，因其思维逻辑、对知识的掌握程度以及对课堂的需求的不同，所以教师要求学生达到的目标也应该有所差异。因此必然要在试卷讲评课进行差异化教学，满足不同水平学生的发展需求，对不同水平的学生进行因材施教，杜绝"一刀切"的教学形式。考试是检测学生学习成果的重要手段，教师根据考试结果能够了解学生间的差异，为更好在讲评过程中进行差异化的教学提供有力依据。依据不同学生，制订出不同讲评的方案、采用不同的引导方法、准备不同的练习题。教师要顾及每一类学生，既要满足程度较好的学生对能力拔高的要求，也要解决能力较差的同学在知识理解准确度上的问题，使不同层次的学生都能在试卷讲评课中有所收获。

5. 讲评力求"扩展性"原则

试卷讲评的"扩展性"是指教师需要对试卷中已有的知识进行扩充和加深，在讲解原有试题的基础上对该知识点进行横向、纵向的延伸。应杜绝"蜻蜓点水"式的讲评方式，不能单单只讲答案，而不注重对过程和思路的讲解。同样也不能就题论题，不进行扩展，不讲知识之间存在的联系。这样的教学形式，对于学生来说收获并不大。教师可以在课上选择重难点试题进行扩展，因课堂时间有限，尽量做到精简，不要每一道都扩展。试卷讲评要使学生能够通过训练，达到对知识的进一步理解，从而达到举一反三、触类旁通的目的。

6. 讲评力求"主体性"原则

现代教育主张任何教学形式都应坚持以学生为主体的原则。在没有学生参与的试卷讲评课堂上，无论是采用什么样的教学方式，也都是低效的，甚至是无效的。教师要让学生充分发挥自己的主体地位，在课上尽可能地让他们自主思考，多让学生参与课堂、多让其进行讨论互动。这就要求教师在试卷讲评课中，要重视学生的主体地位，改变以往传统的教学模式，采用引导启发式的教学方法，使学生融入课堂，参与课堂。在教学中注意培养学生去发现问题，使其具备创新能力。现阶段能够体现学生主体地位的教学方法主要有小组讨论式的合作学习、学生"说题"、师生共评等方式。师生间、生生间相互交流讨论的过程中，不仅能够激发学生学习的兴趣，也使教师达成了情感层面的目标。

7. 讲评力求"统计性"原则

在评析数学试卷之前，我们已经了解了学生的答题结果。实践证明，全部解答正确的和全部解答错误的试题可以不必在课堂教学中占用课时去讲评，需要着重讲评的试题应该是50%左右的学生答对，或者是答错。这种类别的题属于中档题。对于中档题，无论是解对的学生还是解错的学生，通过教师的讲评他们都能够获得更多的认知，所以重讲是有价值的。对于能够正确解决此问题的学生来说，重新从另一个角度分析、解决这一问题，有助于培养他们的发散思维能力。元认知的理论告诉我们，从另一个角度反思问题解决的新途径，可以使认知水平再提升一个层次。解答错误的学生，很多可能是对基本概念、基础知识和基本技能的认知似是而非，尤其是对数学试卷中的核心元素理解不透，从而解题路径模糊。经过教师的讲评，他们的解题途径明晰了，学生可以重新建构对核心元素的认知，获得问题解决的能力。

8. 讲评力求"推广性"原则

数学试卷讲评过程中，可以适当对一些核心试题推而广之。对于基础知识，要能牵一发而动全身，会采用归纳、类比的基本方法，使其系统化，这样有利于学生举一反三、融会贯通。一堂好的试卷讲评课不仅可以帮助学生再次认知自己做过的试题，同时，对一些试题解答所用的数学思想方法进行再认知，从而获得数学知识的升华，真正起到培养学生举一反三、融会贯通的能力，提高高中数学教学质量和数学复习效益。杜绝试卷讲评从第一题讲到最后一题的做法，而应把试卷的效能最大化、最优化。

在以上教学原则中虽然是各有侧重，但并不是孤立存在的，原则之间存在联系，并且也能够起到互相补充的作用。

二、发挥教学功能，提高试卷讲评课教学的实效性

在课堂中充分发挥讲评课的教学功能，能够达到事半功倍的教学效果。以

下是通过发挥讲评课的"诊断功能""激励功能""强化功能""示范功能"四个方面进行的论述。

1. 发挥"诊断功能"

教与学都是和考试密不可分，每一张试卷都像是一份"诊断书"。对学生而言，解答试卷能够较为客观地对自身知识进行检查，学生的答题情况可以反映出他们对知识点的掌握程度，也可以让他们通过分数了解自身差距。知道自身在哪些知识点了解上仍存在不足，哪方面还需要加强训练，答题可以使学生对自己的学情有清醒的认识。同时，数学教师通过翻阅批改试卷，也可以真实了解每个学生的学习状态，哪些知识是普遍存在疑点的，哪些知识还需要进一步深化讲解，哪些学生需要个别辅导，等等。对数学试卷的深入剖析和认真讲评，有助于数学教师分析和反思自己的教学形式，以便改进以后的教学方式方法。高质量的试卷讲评能够由点及面，精确分析诊断学生出现的各类问题，能够使学生进一步地学习领会，为其提供有力帮助，达到师生共赢的教学目标。

2. 发挥"激励功能"

试卷讲评课要具备激励功能，通过听课发现大多数学生认为试卷讲评课的课堂气氛压抑、无聊，过于沉闷，这充分说明教师在课堂更多的是注重讲题，对学生缺乏正面的"激励"。想要调动学生的学习动力和学习的积极性，除了进行适当的引导之外，教师还要给予学生鼓励，建立激励性的评价标准，讲究合适的教学策略的灵活运用。课堂上应多一些赞美表扬，少一些挖苦讽刺。在试卷讲评课上教师可通过公布部分进步及成绩优异的同学成绩，刺激学生的表现欲，以榜样激励的方式激发学生的学习动力，以及通过呈现"亮点"试卷、创设激励机会给后进生等激励形式，从而达到提升学习效率的目的。

3. 发挥"强化功能"

对学生而言，高中数学知识内容繁多、覆盖面广，如果不反复进行练习很容易混淆、遗忘。一份好的试卷可以反映和提炼出那些重要的、需要熟知的内容，强化学生记忆，并且试卷中出现的变式练习还可以打开思维，综合各章内容，让知识通过一道题构建成固定的知识体系，从而使学生不断巩固、夯实基础。教师要对含金量高的试题充分重视，课前进行认真地准备，课上着重强调、组织互动，由此及彼，让学生多次熟悉，达到强化效果，课后指导学生进行错题整理，使学生明确考点、重点、疑难点，形成整体印象，达到高效学习和有效复习，以便为以后高三的总复习奠定基础。

4. 发挥"示范功能"

教师对试卷的讲评是带有很强示范性的。对于数学学科来说，数学知识本身就是教师讲授和演示给学生看的，如何将富有技巧性的解题方法运用到解题中也绝大多数都是通过教师的示范传递给学生，教师能否利用好试卷进行高效讲解，很大程度上关系到学生以后作答的思路和方法。高中阶段的教师一定不要为了追赶教学进度，只去关注新授课的讲解而忽视了试卷的讲评，这样急功近利的做法，只会导致教学质量的下降。试卷讲评是穿插于新授课、复习课等课型中的重要一环，它犹如教学的坚实后盾，可以保障教学进度的稳步前进，讲评课的反响越好，学生也就会越期待，学生得到的收获也就越大。教师对试卷讲评课的态度也决定学生对待的态度，若教师不重视，那么缺乏自主学习性的高中生就更难去重视。如果老师对试卷试题高效示范，那么学生也自然会着重标记，反复温习。

三、加强学生解法指导，提高试卷讲评课教学的实效性

解法即解题方法，一种好的解题方法和技巧胜过题海战术。教师就是要在试卷讲评中对学生加强解题方法上的指导，让学生少走弯路，是对学生提高学习成绩最为有效的、最为直接的途径。

就加强解法指导来说，笔者认为可以从如下几个方面进行：寻找解题关键点、构建解题模型以及注重变式的解题方式。

1. 寻找解题关键点

在解题过程中，找准"题眼"，抓住题中关键点，是学生正确解题的重要环节。关键点一般多为题中提到的关键词、限定条件以及设问方向等。

2. 建构解题模型

建构解题模型是一种重要的科学方法，它也是新课标中首次提出要求学生具备的一种能力。很多同学不会做题，没有解题思路，就是因为没有掌握真正有效的解题方法。这就要求教师在讲评过程中，对试题进行分类和归纳，并帮助学生总结出一套适合解决同一类型题的解题模式，让学生能够在头脑中形成一个整体的解题框架，提高解题速度和效率。

3. 进行变式训练

在数学试卷讲评课中，教师不要就题论题，要善于抓住问题的本质特征，

抓住试卷中的典型问题,进行开放性、发散式讲解。即"一题多解"或"一题多变"或"一题多拓"的问题,并借助"变式"这种有效的方法,对问题作进一步的研究与探索,这样既可以拓宽学生的解题思路,增强思维的灵活性,同时还可以提高数学试卷讲评的有效性,促进不同层次的学生获得进一步的发展。

在"一题多解"讲评法中,我们应引导学生对试题的解题思路与方法从不同角度进行探究,以此发展学生的发散思维能力。在这里,我们不仅要学生重视解题的常规方法即通法,还要通过比较指出一些简明、巧妙的创造性思路和方法,以达到通过解题深化学生思维的目的。

在"一题多变"讲评法中,我们对试题的条件或结论进行减少或添加,由此得出一系列变式题组,进而逐步由浅入深、由易到难地开展试题的探究学习活动,以促进学生学会有效地提取解题的关键信息,把握这类问题的解题思路、方法、技巧,从而达到触类旁通,举一反三的效果。

在"一题多拓"讲评中,我们对典型问题还可以根据需要,从知识点或题目类型或问题的相似领域等不同的维度进行拓展延伸,进而给出更一般的问题,并引导学生探究解决,以使学生对数学知识、问题获得更深刻的认识,思维获得更深入的发展。

4. 促进学生自主建构,提高试卷讲评课教学的实效性

(1)引导学生自主学习。

自主学习作为新课程理念中一种非常重要的学习方式,强调的是学生能够进行主动的、有目的性的学习。试卷讲评课目的在于让学生充分掌握解决一类试题的方法,要实现这一目标就要给学生以充足的时间,让他们充分发挥自己主体性的作用,使学生在试卷讲评课上有所收获。教师要在课上注重培养学生自主学习的意识,为他们创设能够自主学习的环境,尊重学生的不同看法,让学生能够提出问题,并且大胆发表自己的见解。课上采取的方法可以是学生之间进行小组讨论或者是让学生"说题"的方式,促使学生逐步积累自主学习的经验,从而提高试卷讲评课的实效性。

(2)引导学生自主反思。

反思,简单来说,就是对于知识再认识的过程。在进行教学过程中,教师要给予学生自主反思的机会,注重学生的反思行为。教师要引导学生进行自我反思,让学生去发现问题并根据问题寻找解决办法,使其深化对于知识的理解和掌握。通过反思积累解题经验，提高解题能力。学生反思实际上可以分为两个阶段：一个是在试卷发下来之后，通过检查自己试卷中的错误进行的反思。思考哪些失分点是因为马虎大意，哪些是因自身知识欠缺、理解存在偏差所造成的。反思错题，探寻出错原因，从而加深对该题型的掌握。另一个时间段是在学生听完教师或其他同学进行的讲解之后，再对自己解题思路的一种反思，将解题过程进行概括总结，学生就会尽量避免下次再出现同样的错误。

5. 完善整体教学环节，提高试卷讲评课教学的实效性

讲评课是指在进行了单元考查、阶段考查或期末考查或月考之后，对试卷进行评析的课型。基于核心素养的高中数学试卷讲评课教学程序可分为以下五个基本环节：自检反馈、互动交流、探究总结、巩固提升、反思评价。

（1）自检反馈。

自检反馈是指在考试结束后师生双方各自检查反馈，发现、分析问题，初步解决试卷中呈现的问题，为试卷讲评课课堂展开进行铺垫准备。

表 10 - 4 - 1　自检反馈

教学时间段	学生活动	教师活动
课前	1. 考试结束后的第一时间，学生可根据考试情况自主订正，分析试卷中出现的问题，解决一些简单错误和基本题型 2. 在教师发下试卷或者公布答案后，通过自主分析或同学讨论，客观评价自己，自主订正。学生自行改错寻因，继续未完成的题目，反思考试中的得与失，以供课堂进行交流	1. 及时批阅试卷，对任教班级学生试卷的得失分情况进行统计，包括班级平均分、每题均分、错误人数等统计。同时进行归类错因，在对数据分析整理的基础之上，找出学生出错的根源，准确全面地诊断学生，同时反思课堂教学得失 2. 及时下发试卷及答案，并根据阅卷情况，针对考卷进行再次备课，对需要讲评的问题进行分类，准备好同类题型和变式试题

（2）互动交流。

互动交流是指教师与学生双方在自检反馈的基础之上，课堂上充分展示自己的想法、困惑与得失，进行自主辨析，初步解决试卷中存在的共性问题。

表10-4-2 互动交流

教学时间段	学生活动	教师活动
课堂	1. 针对分数统计，了解自己的学习情况 2. 在课前初步反思的基础上，交流自己对某些题目的看法、困难、得失，寻求同学与老师的帮助 3. 结合自己或他人的问题积极思考，收集信息，自主辨析	1. 公布考试分数段，错误统计，暴露学生共性问题 2. 在教师讲前先让学生说，说想法、思路、困惑等，教师作为一个倾听者的角色出现，等待学生的展示 3. 对学生的问题进行归类点评，分析错误本质，引导学生解决共性问题

（3）探究总结。

探究总结是指师生双方对试题进行分析、归纳、总结，提炼解题的思路方法和一般规律，把原有问题的分析引向深入，建构新的平衡。

表10-4-3 探究总结

教学时间段	学生活动	教师活动
课堂	积极思考各种题型的解题要点，进行自主分析、归纳和总结，并对教师提出的新问题进行深入探究，探寻规律，弥补不足	针对学生错误较集中的题设置新问题，引导学生深入思考问题本质，寻求一般规律

（4）巩固提升。

巩固提升是指讲评结束时教师引导学生回归知识，多角度多侧面建构，引申变式，提高建构层次，提高经验化水准，形成完整的知识体系。

表10-4-4 巩固提升

教学时间段	学生活动	教师活动
课堂	积极思考总结各类题型的解题要点，尝试独立完成变式、拓展，并积极主动收集相关信息，巩固知识模块	以学生错误为重要资源，对重难点题型引导学生变式、拓展，以课堂小练或者课后思考的形式出现

（5）反思评价。

反思评价是指学生在试卷讲评课后做好错题的订正整理和归纳工作，并对考试中的得与失进行反思，完成自我构建的过程。

表 10 – 4 – 5　反思评价

教学时间段	学生活动	教师活动
课后	认真订正试卷，整理重点难点题型，完成自我评价	督促指导学生整理订正，反思归纳

以上是基于数学核心素养的试卷讲评课的五个基本环节，而非一般教学流程。五个环节是体现和穿插在课前、课堂和课后的基本思路，目的是体现以学生为主体的课堂教学设计，以学生自主建构为核心理念，以培养学生数学核心素养为终极目标。

第五节　基于核心素养的试卷讲评课教学模式

——"365"讲评法

一、"365"讲评法简介

结合教学策略，笔者整合出一套高中数学试卷讲评课教学模式——"365"讲评法，此法适用于各个年级的试卷讲评课，尤其是高三数学试卷讲评课。

"365"讲评法，即三段六环五提升式教学模式，包括三个阶段六个环节五项作业。

"3"指三个阶段——自主阶段、互动阶段、反馈阶段。

"6"指六个环节——学生纠错、教师调研、教师讲解、合作探究、变式训练、反思总结。

"5"指五项作业——订正错题、整理典题、定出目标、补偿训练、自我评价。

二、"365"讲评法操作步骤

（一）第一个阶段：自主阶段

此阶段包含两个环节，学生的自主纠错分析环节和教师的自主调研分析环节。

1. 学生自主纠错分析环节

学生的自主纠错分析环节中，学生要进行"三查"即"查错分、查错题、查错因"。

（1）首先是查错分，对丢失的分数简单归类，如：粗心大意丢的分数，计算错误丢的分数，知识理解错误丢的分数，等等。在教学实际中，部分学生看到试卷分数不高，情绪受到影响，大把大把丢的分数也就抛之脑后，这样久而久之就习惯地接受了丢分的现实，如果每次将丢分归类，部分可以不丢的分数就会对学生时刻起到警醒的作用，这对以后考试成绩的提高有很大的帮助。

（2）第二查就是查错题，可以将错题简单地分为主观题和客观题，学生也可以根据自己的情况对错误的题目进行难易归类，这样也可以避免在以后的做题中容易题或中等难度题再次出错的现象。

（3）查错题的同时可以自主纠错，同时也就能将错因归类，这是第三查。找到错因，部分错题就可以先进行自主纠错，也避免了试卷讲评课课堂上错题纠正不完、跟不上老师思路的尴尬局面。

学生的自主纠错即"三查"环节一般应安排在试卷讲评课前的自习时间，这一环节是学生对考试试卷的再加工，也是学生对自我学习认知的再次检验，因此用心做好这一环节是上好高效试卷讲评课必须要做的功课。

2. 教师自主调研分析环节

第二个环节是教师的自主调研分析环节，这个环节要求教师在试卷讲评课之前做好"两个分析"，即"分析试卷、分析学生"。

（1）首先是分析试卷，这里可以分为两层，其一，分析试卷中错误率高的试题；其二，分析试卷中客观题错误率高的选项。分析时可以初步对学生错题进行数据统计，或者对典型错误可以通过拍照利用多媒体教学的方式在讲评课中向学生展示，以期达到加深学生印象的目的。

（2）第二个分析是分析学生，同样可以分为两层，其一，分析学生的横向成绩和纵向成绩，学生成绩是电子版的，可以借助 Excel 软件制作学生成绩的折线图，学生可以从发展的角度看待成绩的变化，有助于他们建立学习的信心；其二，分析学生错误率集中的解题方法和思路。这个过程可以通过试卷讲评课前抽调个别学生以访谈的方式进行，也可以在阅卷之后查阅学生试卷时以拍照登记的方式进行。教师做好了这"两个分析"才能对试卷讲评课上出现的各类问题游刃有余，这也是做好一堂优质的试卷讲评课的前提。

（二）第二个阶段：互动阶段

这一阶段即讲评课的课堂部分，也分为两个环节，第一个环节是教师的讲解，教师重点针对自主调查阶段的"错误率高的试题、错误率高的选项及错误率高的解题思路"进行讲评，然而多次重复性的讲解会使一些基础好的学生失去对课堂的趣味性，基础差的学生效果也不理想，所以针对高中试卷的讲解应该详略得当，根据教师问卷和学生问卷的调研分析，可以总结出：

（1）一般错误率高于50%的试题或者选项需要老师详细的讲解。针对这类试题，教师不仅要讲清楚学生的错因、正确的解题思路及方法，还应该针对此类题型拓展讲解，开阔学生的思路，这也是该次试卷讲评课的着重部分。

（2）错误率在20%~50%的试题或者选项需要老师简单讲解。这些试题中往往是某一个知识点或者某一个思维点卡住了学生，教师讲解时应采取提示的方式略讲即可。

（3）错误率低于20%的试题教师不在课堂讲解。这部分试题只有极少数学生做错，可以通过小组讨论、合作探究的方式进行纠错，这也是本阶段的第二个环节：学生小组讨论探究环节，在这个环节中学生主要对教师未做讲解的部分错题和已经讲解还需要学生深层次理解的错题进行小组内的讨论探究。

（三）第三个阶段：反馈阶段

这一阶段是对整个试卷及考试的反思、总结和再加工。在这个阶段，教师环节是设计变式训练，发放给学生并张贴答案。对于变式训练的设计应注意以下几个方面：

（1）变式训练的题目数量应由试卷的难易程度及学生出错的错误点数量而定，一般每个错误点设计1~2个变式题即可，考虑到高三教师及学生时间紧迫，变式训练以总体不超过10个题目为宜。

（2）变式训练的题目类型应围绕试卷中的重点题型和重点错题设计，最好不要设计新的题型或者知识类型。

（3）变式训练的题目来源可以参考历年考试真题，从高考题库中直接选择相关的练习题或者将高考题库中的试题进行适当修改后作为变式训练题目，这样可以使高三学生更贴近高考试题，更加深入地了解高考试题的命题动向。

本阶段的第二个环节就是学生对试卷中错题的反思总结以及对变式训练的巩固练习，经过讲评课后学生会对试卷中的错题及考试出错点有全新的认识，这些心得或者体会对以后的学习有特别大的帮助，学生应简短地记录，以备以后查阅。对于变式训练，学生在课余时间完成之后可自行比对答案，不需要教师再次讲解，有个别变式训练中出现的错题经过比对完答案依然没有正确理解的，可以利用课间时间向老师问询或者同学间讨论探究。

"五项作业，巩固提升"——通过课外作业巩固深化、拓展提升。一堂讲评课的结束，并不是试卷评讲的终结，教师应利用学生的思维，扩大"战果"，有针对性布置一定量的作业，作业的来源：可对某些试题进行多角度的改造，使旧题变新题。课外作业的布置，有利于学生巩固，提高，有利于反馈教学信息。同时应要求学生课后完成如下五项作业：

① 在专用错题本上订正错题。

② 整理一题多解。

③ 作出得失分统计分析，定出下次目标。

④ 完成教师布置的针对训练题。

⑤ 在笔记本上完成学生自我评价表或写一篇考试反思。

表 10 - 6 - 1　试卷讲评课学生自我评价表

姓名：	班级：		学号：		小组：
本次考试失分原因					
今后采取的措施					
本章课具有的收获					
依然存在的问题					

三、"365"讲评法优势

1. 构建了动态生成的精彩课堂

有生命力的课堂教学生机勃勃，不是简单的知识传授过程，而是师生共同成长的生命历程。基于核心素养培养的数学试卷讲评课中，无论是自主学习、分组讨论还是师生互动，学生都兴趣盎然，积极思考，乐于表达自己的真知灼见。教学是动态的，生成是多样的，学生始终积极主动，学得有滋有味。这样的试卷讲评课突出学生的主体地位，关注学生的情感需求，让学生有了自主探究的时间和空间、自由发挥的舞台和天地。在这样灵动的课堂上，释放的是潜能，流淌的是思想，涌动的是情感，给人以和谐的美的享受。学生在这样充满活力与激情的课堂中，感受到了成功的喜悦，增强了学习的自信，为学生的生命成长和可持续发展奠定了坚实的基础。

2. 体现了教与学的和谐共鸣

基于学生核心素养的试卷讲评，教学留白充分，学生能够展开自主学习、自主讨论、自主评价，使教学过程成为学生一种愉悦的情绪历程和积极的情感体验；在讲评中，教师由"纤夫"变为生命的"牧者"与学生轻声交流想法，倾听学生的不同观点，鼓励学生畅所欲言；师生之间彼此信任、相互帮助，在平等对话中构建知识、提升能力、培养思维，共同打造民主、和谐的教与学的氛围，这是最生动的、最活泼的教学场景，这是教育的最高境界。

3. 培养了学生的学科核心素养

核心素养视域下的试卷讲评通过生生合作、师生互动、教师启发等多层次的学习活动，为学生探索、发现、参与、实践提供了更多的机会和更适宜的氛围，为学生展现自我、挑战自我、突破自我创造了最佳的学习环境，也为学生在丰富多彩的学习活动中培养学习能力、提升思维品质等数学学科素养提供了良好的平台。

参 考 文 献

［1］中华人民共和国教育部．普通高中数学课程标准（2017 年版）［S］．北京：人民教育出版社，2018．

［2］中华人民共和国教育部．普通高中数学课程标准（实验）［M］．北京：人民教育出版社，2003．

［3］教育部考试中心．普通高等学校招生全国统一考试大纲［M］．北京：高等教育出版社，2018．

［4］中华人民共和国教育部．全面深化课程改革　落实立德树人根本任务［N］．中国教育报，2014－04－25（1）．

［5］林崇德．21 世纪学生发展核心素养研究［M］．北京：北京师范大学出版社，2016．

［6］G．波利亚．数学与猜想［M］．李心灿，等，译．北京：北京科学出版社，1984．

［7］林崇德．思维发展心理学［M］．北京：北京师范大学出版社，1986．

［8］史宁中，王尚志．《普通高中数学课程标准（2017 年版）》解读［M］．北京：高等教育出版社，2018．

［9］杨九诠．学生发展核心素养三十人谈［M］．上海：华东师范大学出版社，2017．

［10］田中，徐炳龙，张莫宇．数学基础知识、基本技能、教学研究探索［M］．上海：华东师范大学出版社，2003．

［11］张桂春．激进建构主义教学思想研究［M］．大连：辽宁师范大学出版社，2002．

［12］G．波利亚．怎样解题［M］．北京：科学出版社，1982．

[13] G. 波利亚. 数学的发现（第二卷）[M]. 涂泓，等，译. 呼和浩特：内蒙古人民出版社，1981.

[14] 莱斯利·P. 斯特弗，杰里·盖尔. 教育中的建构主义 [M]. 高文，等，译. 上海：华东师范大学出版社，2002.

[15] 罗增儒. 中学数学课例分析 [M]. 西安：陕西师范大学出版社，2001.

[16] 涂荣豹. 数学教学认识论 [M]. 南京：南京师范大学出版社，2003.

[17] 田慧生，等. 活动教育引论 [M]. 北京：教育科学出版社，2000.

[18] 唐瑞芬. 数学教学理论选讲 [M]. 上海：华东师范大学出版社，2001.

[19] 张奠宙，等. 数学教育学导论 [M]. 北京：高等教育出版社，2003.

[20] 李广，杨宏丽. 上好课应知应会 [M]. 长春：东北师范大学出版社，2009.

[21] 孔凡哲，等. 上好课有效技能 [M]. 长春：东北师范大学出版社，2009.

[22] 郑强，邱忠华. 走进高中数学教学现场 [M]. 北京：首都师范大学出版社，2008.

[23] 史宁中. 数学基本思想18讲 [M]. 北京：北京师范大学出版社，2016.

[24] 余文森. 核心素养导向的课堂教学 [M]. 上海：上海教育出版社，2017.

[25] 张维忠. 文化视野中的数学与数学教育 [M]. 北京：人民教育出版社，2005.

[26] 张维忠，等. 文化传统与数学教育现代化 [M]. 北京：北京大学出版社，2006.

[27] 翁凯庆. 数学教育学教程 [M]. 四川：四川大学出版社，2000.

[28] 曹才翰，章建跃. 数学教育心理学 [M]. 北京：北京师范大学出版社，2006.

[29] 陆书环，傅海伦. 数学教学论 [M]. 北京：科学出版社，2004.

[30] 布鲁纳. 教育过程 [M]. 邵瑞珍，译. 北京：文化教育出版社，1982.

[31] 吕林海. 数学理解性学习与教学：文化的视角 [M]. 北京：教育科学出版社，2013.

[32] 钟启泉. 现代教学论发展 [M]. 北京：教育科学出版社，1988.

［33］曹才翰，蔡金法．数学教育学概论［M］．南京：江苏教育出版社，2009.

［34］喻平．数学教学心理学［M］．北京：北京师范大学出版社，2010.

［35］林崇德．智力发展与数学学习［M］．北京：中国轻工业出版社，2011.

［36］赵健．学习共同体的构建［M］．上海：上海教育出版社，2008.

［37］张逢成．探究式教学中的问题设计［M］．徐州：中国矿业大学出版社，2011.

［38］曹一鸣，张生春．数学教学论［M］．北京：北京师范大学出版社，2010.

［39］鲍建生．数学学习的心理基础与过程［M］．上海：上海教育出版社，2009.

［40］刘兼，孙晓天．数学课程标准解读［M］．北京：北京师范大学出版社，2002.

［41］张雄．数学教育学概论［M］．西安：陕西科学技术出版社，2001.

［42］郑毓信，等．数学文化学［M］．成都：四川教育出版社，2000.

［43］罗增儒．数学解题学引论［M］．西安：陕西师范大学出版社，1997.

［44］张奠宙，等．数学教育学［M］．南昌：江西教育出版社，1991.

［45］王晓辉．数学课程与教学论［M］．长春：东北师范大学出版社，2005.

［46］郑毓信，梁贯成．认知科学建构主义与数学教育［M］．上海：上海教育出版社，2002.

［47］奚定华．数学教学设计［M］．上海：华东师范大学出版社，2001.

［48］陈昌平．数学教育比较与研究［M］．上海：华东师范大学出版社，2000.

［49］曹才翰，章建跃．数学教育心理学［M］．北京：北京师范大学出版．1999.

［50］张思明．中学数学建模教学的实践与探索［M］．北京：北京教育出版社，1998.

［51］新玉乐．探究教学论［M］．重庆：西南师范大学出版社，2001.

［52］苏霍姆林斯基．给教师的建议［M］．林殿坤，译．北京：教育科学出版社，1984.

[53] 戴再平，等．开放题——数学教学的新模式［M］．上海：上海教育出版社，2004．

[54] 周小山．新课程的教学设计思路与教学模式［M］．成都：四川大学出版社，2002．

[55] R．M．加涅．教学设计原理［M］．上海：华东师范大学出版社，2016．

[56] 何小亚，姚静．中学数学教学设计［M］．北京：科学出版社，2015．

[57] 盛群力，李志强．现代教学设计论［M］．杭州：浙江教育出版社，1998．

[58] 高慎英，刘良华．有效教学［M］．广州：广东教育出版社，2004．

[59] 吴晓玲．教师如何做好课堂教学设计［M］．吉林：吉林大学出版社，2010．

[60] 张莫宙，等．"数学基本活动经验"的界定与分类［J］．数学通报，2008（5）：4—7．

[61] 崔允漷．全球视野下我国普通高中课程改革的对策思考［J］．教育发展研究，2013（18）．

[62] 罗增儒．关于情景导入的案例与认识［J］．数学通报，2009（4）．

[63] 罗增儒，罗新兵．波利亚的怎样解题表（续）［J］．中学数学教学参考，2004（5）：29—32．

[64] 顾继玲．聚焦"基本数学活动经验"［J］．数学教育学报，2016（1）．

[65] 史宁中．学科核心素养的培养与教学——以数学学科核心素养的培养为例［J］．中小学管理，2017（1）．

[66] 罗新兵，卢恒．数学活动经验的积累与运用［J］．中学数学教学参考，2015（2）．

[67] 章建跃．高中数学教材落实核心素养的几点思考［J］．课程·教材·教法，2016（7）：44—49．

[68] 黄翔，吕世虎，王尚志，等．高中数学课程目标的新发展［J］．数学教育学报，2018，27（1）．

[69] 李松林．深度教学的四个实践着力点［J］．教育理论与实践，2014（31）．

[70] 鲍建生，等．变式教学研究［J］．数学教学，2003．

[71] 谭国华. 高中数学解题课型及其教学设计［J］. 中学数学研究, 2013 (8).

[72] 陈敏, 吴宝莹. 数学核心素养的培养——从教学过程的维度［J］. 教育研究与评论, 2015 (4).

[73] 马复. 论数学活动经验［J］. 数学教育学报, 2008 (3).

[74] 朱立明. 基于深化课程改革的数学核心素养体系构建［J］. 中国教育学刊, 2016 (5).

[75] 郑毓信. 数学教育视角下的"核心素养"［J］. 数学教育学报, 2016 (3).

[76] 史宁中. 推进基于学科核心素养的教学改革［J］. 中小学管理, 2015.

[77] 洪燕君, 周九诗, 王尚志, 等.《普通高中数学课程标准（修订稿)》的意见征询——访谈张奠宙先生［J］. 数学教育学报, 2015 (6).

[78] 朱立明, 马云鹏. 基于新课标的学生数学价值感悟研究［J］. 数学教育学报, 2014 (5).

[79] 李艺, 钟柏昌. 谈"核心素养"［J］. 教育研究, 2015 (9).

[80] 王光明, 卫倩平, 赵成志. 核心素养视角下的跨学科能力测评研究［J］. 中国教育学刊, 2017 (7).

[81] 曹一鸣, 于国文. 中学数学课堂教学行为关键性层级研究［J］. 数学教育学报, 2017, 26 (1).

[82] 喻平. 数学核心素养评价的一个框架［J］. 数学教育学报, 2017, 26 (2).

[83] 常磊, 鲍建生. 情境视角下的数学核心素养［J］. 数学教育学报, 2017, 26 (2).

[84] 李昌官. 数学抽象及其教学［J］. 数学教育学报, 2017, 26 (4): 61—64.

[85] 章建跃. 数学课堂教学设计研究［J］. 数学通报, 2006 (7).

[86] 王娅婷, 毛秀珍. 数学素养的测量及评价［J］. 数学教育学报, 2017, 26 (3).

[87] 吴增生. 数学类比推理的心理机制及其教育启示［J］. 中国数学教育（高中版), 2009 (6).

[88] 吴增生．数学归纳推理的心理过程及其影响因素［J］．中国数学教育（高中版），2009（1—2）．

[89] 朱为康，吴增生．数学演绎推理的心理机制与教育启示［J］．中国数学教育（高中版），2008（12）．

[90] 王学沛，邓鹏，魏勇．几种数学观下的数学教学［J］．课程·教材·教法，2008，28（11）：20—21．

[91] 孙宏安．数学素养概念的精确化［J］．中学数学教学参考（上旬），2016（9）．

[92] 肖凌戆．数学教育要以理性思维育人：我的数学教学主张［J］．中国数学教育（高中版），2016（5）．

[93] 张丹．"整体把握小学数学课程"核心要素及其关系研究［J］．数学教育学报，2010（4）．

[94] 孙雪梅，朱维宗．数学化思想及其在数学问题解决教学中的应用分析［J］．数学教育学报，2010（1）．

[95] 张奠宙，赵小平．剖析学生的"现实"［J］．数学教学，2009（12）．

[96] 李祎．基于探究学习的数学教学策略研究［J］．数学通报，2009（2）．

[97] 吴绍兵，等．对创设生活实践情境简单化现象的思考［J］．数学通报，2008（10）．

[98] 苗庆硕．高中数学课堂教学中"问题串"教学模式的研究［J］．中学数学，2012（2）．

[99] 郑毓信．"问题解决"与数学教育（2008）［J］．数学教育学报，2009（2）．

[100] 郑毓信．数学教育视角下的"核心素养"［J］．数学教育学报，2016（6）．

[101] 裴昌根．指向数学核心素养的合作学习设计：基于数学问题解决［J］．现代基础教育研究，2016（12）．

[102] 楼肇庆．数学核心素养的课堂培养与生成［J］．教学参考，2016（11）．

[103] 石志群．对数学核心素养几个问题的思辨［J］．教育研究与评价·中学教育教学，2016（11）．

［104］刘元宗. 数学问题解决及其教学［J］. 课程·教材·教法，2004（2）.

［105］王红兵，卜以楼. 生长过程——概念教学的本质标志［J］. 中学数学教学参考，2017（7）.

［106］刘云章. 波利亚的解题训练与"题海战术"的辨析［J］. 中学数学教学参考，2001（8）.

［107］李善良. 关于数学教学中的设计［J］. 高中数学教育学，2008（1）.

［108］郭敏艳. 新手与专家教师课堂提问的比较研究［D］. 武汉：华中师范大学，2001.

［109］张菁贤. 初中数学专家教师与新手教师课堂提问的比较研究［D］. 重庆：重庆师范大学，2013.

［110］林文良. 数学"问题导学"模式的问题设计原则［J］. 中学数学教学参考，2013（6）.

［111］濮安山. 中学数学概念教学的情景设计［J］. 现代中小学教育，2005（10）.

［112］陈旋辉. 新课标下高中数学教学设计问题的研究［J］. 高中数学教与学，2008（11）.

［113］王丽娜. 关于高中数学课堂教学有效性的研究［D］. 西安：陕西师范大学，2013.

［114］叶澜. 让课堂焕发出生命活力［J］. 教育研究，1997（9）.

［115］叶澜. 重建课堂教学价值观［J］. 教育研究，2002（5）.

［116］赵学昌. 把核心素养内化于课堂［J］. 教育理论与实践，2016（32）.

［117］李艺，钟柏昌. 谈"核心素养"［J］. 教育研究，2015（9）.

［118］孙成成，胡典顺. 数学核心素养：历程、模型及发展路径［J］. 教育探索，2016（12）.

后 记

　　当然，一本新作的出版，对于作者来说，犹如生出了一个新的生命，内心总是会生出诸多感慨的。而"后记"，则自然地成为表达这些感慨的平台。回首在重新审阅本书书稿后发现，贯穿本书的一条主线是：让学生学有生长力的数学，培养与发展学生的数学学习力，培养与提升学生的数学核心素养。数学核心素养的内在表现，就是理性思维。其外在表现，也就是概括能力，就是史宁中先生所主张的，用数学的眼光观察世界，用数学的思维思考世界，用数学的语言表达世界。"让学生学有生长力的数学，感受数学自身内在的力量"这一基本教学观念，很早便产生于我的头脑中，只是当时没有明晰出来，不过已或多或少地反映在我所发表的一些论文中，或平时所写的教学记录与反思中。

　　我们知道，内因决定外因。让学生学有生长力的数学，培养与发展学生的数学学习力，是帮助学生学好数学，提高他们数学学习兴趣的内因。在数学学习过程中，如果他们能真正感受到数学知识的内在逻辑关系（这种逻辑关系，不仅反映在知识与知识间的表面联系上，更反映在研究与学习不同数学知识时所运用的策略与方法的一致性或相近性上），那么这种内在的逻辑关系，将成为他们认识与学习数学的种子，不同的内在逻辑关系，生成不同的种子。这些种子将不仅可以帮助他们迈入数学学习之门，同时，这些种子也具有强大的生长力。当面对新的数学知识时，联系的种子便被唤醒，并迸发出旺盛的生命力，已有的研究与相关经验便会发生积极的促进作用，从而显著地减轻他们的认知负担。这样，他们便能真正感受到数学自身的力量，享受到数学学习的乐趣，他们便被数学这充满着逻辑关系的学科所吸引。学生学习数学的内驱力，便逐渐产生于自身对数学的认同，并被数学的魅力所带动，而不是靠外力的推动。渐渐地，这种"有生长力的数学"也将会影响他们的思维，让他们学会数学地观察、数学地思考。与此同时，理性思维便得到生根、发芽、生长。

　　当学生离开学校走进社会后，他们将必须面对这个纷繁复杂的、高速发展的、自媒体遍地的、信息满天飞的现实环境。在这样的环境里，良好的理性思维将会让他们做出理性选择，学会学习，砥砺前行；良好的理性思维也将会帮助他们拨开迷雾，保持理智，他们也将会在理性观念的影响下充满感情地生活。而我们的社会，也将会更和谐、更真实，人与人之间也将更容易形成相互信任的关系。

因此，数学教育的核心任务，应是让学生学有生长力的数学，培养与发展学生的数学学习力，培养与提升学生的数学核心素养。

这一段埋首研究、奋笔疾书、努力前行的日子，值得回味的情景实在很多很多，需要感谢的人和事也很多很多。在本书的前言中，虽已对我的导师及我的研究团队表达了自己深深的谢意，但就算是千言万语，也难以完全表达出我对他们的感激之情。

同时，我所做的所有的教学研究，以及此书的顺利出版，都离不开我所在单位陕西省彬州中学的诸位校长、同事的大力支持，是他们的影响与鼓励，让我不断奋进前行，是他们的精心关怀，让我有"家"的温暖。也都离不开我们的研究对象，彬州中学师生的真情配合与支持，是他们在我们面前呈现出最真实的一面，让我们的研究更真实，更有生命的气息。

最后，我必须感谢的是我的家人，我的妻子和儿子、女儿。妻子对我们一家的悉心照料，妻子对我的鼓励与无微不至的关怀，让我能在相当长的一段时间内，几乎完全沉浸在学习、研究与写作之中。我的儿子、女儿，在书稿的编辑、校正等方面给予了大力帮助。

杨西龙

2020 年 4 月于家中